二战浪漫曲 WORLD WAR II ROMANCE

二战情报战

◎李乡状等／编著

WAR II INTELLIGENCE WAR

UNITY PRESS 团结出版社

图书在版编目（CIP）数据

二战情报战 / 李乡状等编著. –– 北京：团结出版
社, 2014.1（2022.1重印）
ISBN 978-7-5126-2342-2

Ⅰ.①二… Ⅱ.①李… Ⅲ.①第二次世界大战－情报
活动－史料 Ⅳ.①D526②K152

中国版本图书馆CIP数据核字(2013)第302447号

出　　版：团结出版社
　　　　　（北京市东城区东皇城根南街84号　邮编：100006）
电　　话：（010）65228880　　65244790（出版社）
　　　　　（010）65238766　　85113874　　65133603（发行部）
　　　　　（010）65133603（邮购）
网　　址：http://www.tjpress.com
E-mail：zb65244790@163.com（出版社）
　　　　　fx65133603@163.com（发行部邮购）
经　　销：全国新华书店
印　　刷：三河市燕春印务有限公司

开　　本：710毫米×1000毫米　　16开
印　　张：15
字　　数：170千字
版　　次：2014年1月　第1版
印　　次：2022年1月　第3次印刷

书　　号：978-7-5126-2342-2
定　　价：68.00元

前言
QIANYAN

　　在第二次世界大战中，世界反法西斯斗争的舞台上留下了许多可歌可泣的动人故事。从元帅到士兵，人们同仇敌忾，为着民族和人民的利益和正义的事业，不惜抛头颅、洒热血，与敌人奋战到底。他们当中有隐秘战线的无畏英雄，有在正面战场上奋勇搏杀的热血男儿，有统帅千军万马的睿智将领，也有策动局势的领袖元首。那些发生在他们身上种种带有传奇色彩的事件至今仍然广为人们所传颂，战争的铁血和历史的壮阔更是为这些曾经的故事增添了一份令人回味无穷的浪漫。

　　客观来说，"二战"的发生是人类历史上的一场浩劫，它使全世界大多数地区的国家都遭受到了战火的洗礼，令无数军民饱尝了它所带来的磨难；然而，"二战"的胜利却又无疑是人们一次无可比拟的伟大成就，是它将全世界人民团结战斗打败法西斯军国主义的胜利与和平的丰碑，永远树立在了历史的漫漫长路上，父辈的血汗与呐喊凝聚在这里，为我们这些后人留下了一处值得永远敬仰和继承的精神——在亚洲、在非洲、在欧洲，世界各国人民团结在反法西斯同盟的旗帜下展开了对德、意、日、法西斯轴心国的殊死战斗。从1933年到1945年，世界范围内的反对法西斯斗争此起彼伏。终于，正义战胜了邪恶，向往和平与正义的人们赢得了最后的胜利。

　　在二十一世纪的今天，那段历史已然离我们远去了，曾经高呼的口号被淹没在平淡的生活当中，战火的痕迹被新建起的楼房与街道所掩盖。战争的记忆从我们身边消失已久，然而，即便如此，今天的我们也仍然能够不时从书籍、报刊和人们的口耳相传中听到那些似乎已经远去的名字与词语：敦刻尔克大撤退、不列颠空战、斯大林格勒保卫战、解放波兰、攻陷柏林……这些泛着陈旧之色的字眼或许被提及的时候给人的感觉或许已经不能像几十年前那样容易引起热血的激荡和讨论的兴味。但是当我们翻开书本，重新咀嚼起它们身后的那些故事，胸中却还是无法抑制地会泛起对历史那份无尽浩荡与雄浑奥壮的回味悠长。

是否还记得，莫斯科郊外以血肉之躯抵挡坦克的最后呐喊；敦刻尔克海岸上为同袍撤离而顶着炮火与炸弹袭击的顽强阻击；在伦敦上空对敌人如黑云般压来的轰炸机群从飞机炮口中喷出的怒火；昔日北非名将隆美尔与蒙哥马利率领部队殊死作战的阿拉曼战场上，如今伴着双方遗留下来无数地雷形成的"魔鬼花园"的，只有在沙漠公路两旁绵延久远的无名战士墓……

麦克阿瑟曾经说，老兵不死，他们只会渐渐湮没（在人群中）。当战争离我们远去之后，那些与战争有关的人们和他们的事迹也被生活中更加贴近我们的种种信息所渐渐掩去。而事实上，无论辉煌抑或黑暗，这些值得了解的过往都不应该在我们的记忆中以一个毫无内容的名词的形式一直蒙尘，直到死去。从这些故事当中，我们能够学习和获得许多生活中可能永远无法接触到的智慧，以及情感。

本书通过对历史史实的详细阐述，从战争的过程当中甄选出一系列不同身份的角色。通过从不同的角度，不同的立场和不同的身份进行讲述和介绍，使一大批鲜活的人物跃然纸上，他们的事业，生活，伴侣，友人，仇敌以及经历都以一种更加贴近人性的视角被展现出来，便于读者们更好地带入到角色的感受当中去，更贴切地去解读和掌握书中所介绍的这些活跃于那个特殊年代的人们。

本套丛书当中不仅介绍了我们时常听闻的那些在第二次世界大战中声名在外的著名将领和领导人的事迹和经历，也包含了对那些工作在隐秘战线，工作在敌人心藏中的无名英雄的描写，让我们能够从更全面的角度来对二战时代的局势与当时不同阵营和国家人们的世界观进行了解，相辅相成地为每一位相关的人物在印象中描绘出一个更加贴近现实的生活与境遇背景，还原出一个个与历史百科介绍中那些冰冷文字构筑下不一样的人物形象。

本书力求以历史原貌真实再现历史史实，呈现在读者面前。如果存在某些描写过甚或与真实历史出入之处，敬请各位读者朋友批评指正。

2013.12.26

目录
MULU

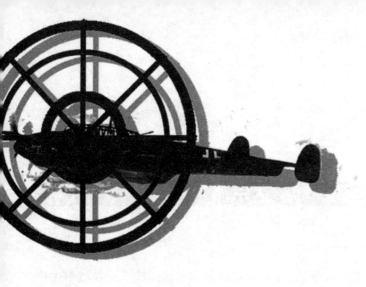

帕特里克·达尔泽尔·乔布

帕特里克·达尔泽尔·乔布

"二战"期间，随着战争的加剧，人们越来越相信间谍活动在战争中作用很大，因此很多参战国都开始广泛建立谍报网，无数的间谍渗透到敌国的政治、军事等领域，从事各种各样的谍报活动。帕特里克·达尔泽尔·乔布便是其中之一。

帕特里克的名字含有"珍贵"的意思，他的父亲为他取这个名字，就是因为他的父亲当时觉得这个孩子是上天给他和伊丽莎白的珍贵礼物。在他的父亲威廉离别时，曾嘱咐伊丽莎白："如果我不幸在战场上牺牲了，你让我们的孩子健康成长，并让他过得快乐一些。"然后大步离开了母子二人奔向那战火纷飞的前线。这一走就再也没有了音讯，直到某一天，一个天气阴沉得随时都会下起暴雨的日子，威廉的噩耗传来了。

伊丽莎白带着年仅三岁的帕特里克看到了威廉最后一面，并重新许下承诺，好好照顾帕特里克和这个家！丈夫的死让伊丽莎白陷入了痛苦之中，一病不起。但是看着年幼的帕特里克，这位母亲毅然决然的重新振作起来。

在这之后，伊丽莎白的母亲维多利亚，曾多次想让女儿改嫁，但是伊丽莎白并没有同意自己的母亲的提议。她向维多利亚明确表示，虽然威廉已经不在了，但是自己是绝对不会改嫁的。这辈子，她只爱威廉一个男人。威廉死之前，自己答应过他，要帮他照顾好这个家，抚养帕特里克长大。她不能违背自己对威廉的承诺。

这样忠贞的思想也被之后长大成人的帕特里克所继承。

但是事与愿违，伊丽莎白年轻漂亮又有丈夫的巨额遗产，谁不想娶到这样一位寡妇呢？每天登门的人很多，甚至满城都知道这件事情，更有甚者把伊丽莎白说成是一个不知廉耻的女子。当然，这些原因都是次要的，主要原因还是因为一次特殊的遭遇，那一天她的家中闯入了一位不速之客。这个不速之客越过了她家后花园的围墙，登堂入室，穿过大厅，走到了楼梯旁边。还好在他抬起腿，迈第一个台阶的时候就及时被女仆安妮发现了，安妮机智地没有出声，默默走到那个不速之客身后，举起手中要去浇花的水壶猛击那个人的后脑勺，将那个毫无防备的人打晕了。这样恐怖的事情一定还会出现，所以这位伟大的母亲为了让自己的孩子健康成长，决定离开伦敦。

可是去哪里倒是成了一个难题，帕特里克体弱多病，不能长途奔波，有些国家还在被战火洗礼，再三思索她决定听取女仆安妮的话去瑞士，这个国家离英国不算太远，又一直保持中立状态，没有参加战争。安妮已经服侍了自己很多年，一直对自己忠心耿耿，她说的话，应该是可信的。所以，伊丽莎白决定，她要带着帕特里克去瑞士。走之前在威廉的墓碑前放上了一朵鲜红的玫瑰花，寄托伊丽莎白的思念与爱情。

瑞士位于欧洲中南部，它的西北是法国，东北是德国，南邻意大利，东接奥地利。伊莉莎白带着年幼的帕特里克和女仆安妮，换了两次交通工具，辗转来到了位于瑞士国土中间偏西的城市，同时也是瑞士的首都伯尔尼。

之所以会选择伯尔尼作为落脚点，是因为安妮说，她的亲戚住在那里很久了，对伯尔尼很熟悉。她的亲戚可以预先帮伊莉莎白找到一个合适的住所，还可以在出游的时候为伊莉莎白当向导，为伊丽莎白指路，介绍当地的情况，这样不仅让她免去了一下火车就要匆忙地去找旅店的麻烦，为伊丽莎白的这次的旅行提供了很多方便，又十分安全，不用担心会被当地的导游欺骗。所以，伊丽莎白听从了安妮的建议，先到了伯尔尼。

负责来接伊丽莎白一行人的是安妮的表哥哈利。哈利是一个五十多岁的男人，虽然年纪已经不小了，但是笑声比很多年轻人还爽朗，声音也很浑厚，眼睛中投射出慈祥的光芒。他做了一顿丰盛的晚餐招待伊丽莎白母子，其中还有伊丽莎白喜欢的一些菜式。

定居之后，伊丽莎白经常回想起自己的往事，那些回忆就好像精神食粮一样，每天夜晚都会去想。虽然她和威廉的爱情，犹如烟火一样短暂，只在一起了短短几年的时间，但是在这几年中，威廉带给她的快乐，足够她回忆一辈子了。

之后的日子里，伊丽莎白尽心尽责的教导帕特里克，教他识字教他数数，背诵一些儿歌等等，而帕特里克不仅学东西很快就连身体也好了起来。现在瑞士正处在漫天飞雪的冬季，洋洋洒洒的雪花铺天盖地，整个瑞士都披上了一层厚厚的银装，伊丽莎白觉得自己的孩子应该趁这个机会强健一下身体素质，在询问安妮之后就让帕特里克跟着哈利的孩子学习滑雪，这样既增强了体魄又增加了乐趣。

对于第一次滑雪的帕特里克来说，他有些害怕又兴奋，天赋极佳的他在第一次学习滑雪就成功地滑下一个斜坡，这是值得兴奋的一件事。整个冬季几乎都在向哈利学习滑雪技术，到了十二月，日内瓦人会过登城节，到时候会进行许多庆祝活动，街上会非常热闹，人山人海。而小帕特里克也经常听约翰他们提起这件事，要是跟妈妈说一定会遭到反对，所以，小帕特里克便瞒着妈妈跟随约翰和他的朋友杰瑞米一家前往那个登城节，走之前留了纸条。

谁能知道在热闹非凡的登城节中，伊丽莎白再一次迎来了一个重要的男人——爱德华。爱德华是一名著名的珠宝商人，长相神似威廉，但是他们的相遇并不是偶然的,其中帕特里克功不可没。爱德华的航海技术也不一般,就连小帕特里克的航海技术也是这个男人教导出来的,这让帕特里克拥有了当一名海军的梦想,因为,他是那么地喜欢大海。

这个假"父亲"一直被小帕特里克认为是威廉,在相当长的一段时间都非常黏爱德华,伊丽莎白也没有什么办法说出威廉已死的消息,因为这个消息对亲爱的儿子打击一定很大。因此,伊丽莎白不得已便和爱德华一起"伪装",然而在这些日子里,爱情的火花时刻在伊丽莎白与爱德华之间碰撞。但是伊丽莎白明白她心中依然深爱着那个名叫威廉的人,在帕特里克和他的母亲离开瑞士的港口时爱德华显得很是痛苦,但是又无可奈何。

日子一天天过去了,帕特里克在母亲的关怀下,渐渐成长,转眼间已然成长为一名十八岁的小伙子,在这一天他的母亲伊丽莎白带着他去他真正的父亲威廉的墓碑前,把一切都跟他坦白了。也是在这一年帕特里克为了感谢母亲的养育之恩,亲手为伊丽莎白造了一艘船,并在母亲生日那天送给了她。在之后的两年时间里,他带着母亲周游了英国的各个港口,就像帕特里克在父亲的墓碑前许下的承诺一样:以后的路由他来搀扶妈妈走。

在帕特里克传奇的一生中,还有另一个不可或缺的女人索菲亚。

他和她的相遇是在一个大雪纷飞的冬季,这一年帕特里克的船刚好停泊在了有着"世界滑雪之都"称号的挪威,刚下船不久的帕特里克听见不远处传来嬉笑的声音,擦肩而过后,下意识的回眸看了一眼,那惊鸿一瞥,那美丽的蓝瞳就这样深深地印在了帕特里克的脑海中。

命运是如此捉摸不透,果然在帕特里克滑雪的时候又遇见了那位拥有美丽眼睛的女孩,在互相夸赞之后,两人都愣愣的怔住了,仿佛这一刻世界就只有他们两人一般。一支爱神之箭同时射入了两个人的心脏。索菲亚的父亲是个木材商,她是父亲的掌上明珠。索菲亚也知道了帕特里克擅长滑雪，也十分热爱航海，他喜欢大海的波澜壮阔，喜欢看海上日出，觉得太阳从海平面升起的那一瞬间，天地被照亮，太阳的光辉落在海上的样子，是他这些年游历多国见过的最美的景色。由于他时常乘船出海，航海技术练得炉火纯青。处于对航海的热爱，他对轮船也很有研究，对船的构造十分清楚，而且自己还制作过船的模型，样子十分地逼真。几年的时间里，他游历了不少国家，体会到了各地不同的风土人情，但是他最喜欢挪威。两个人谈了很多彼此的事情，拿着滑雪道具一直走到傍晚，帕特里克送索菲亚到了家门口，二人依依不舍，却又不知如何表达，只是相约再见面。

之后几乎整个冬季帕特里克都跟索菲亚在一起，他们互相了解彼此。然而幸福的时候，总是觉得时间过得太快。转眼，天气就开始转暖了，帕特里克即将开始新的旅程，以往他会用最高的效率完成旅行，可是这次，他延缓了，他思忖多日，始终没有想到如何离开挪威继续自己的旅行。

终于有一天，帕特里克来到索菲亚的家中，他们看着彼此，而索菲亚仿佛也下定了决心，对帕特里克说："我要跟你一起去旅行。"就这样，一个美丽的约定开始了，一次又一次难忘的旅行也开始了，这份无需言语的感情弥足珍贵！

两年的时间里，挪威的高山、河道都遍布他们的足迹。帕特里克学会了挪威语，自如的和身旁的索菲亚交流着，这真是一段幸福的时光。但是好景不长，战争，已经使人与人之间变得更加淡漠起来，因为他们各自选择了不同的道路，这就意味着，他们各自选择了不同的政治立场，这些都很容易导致了他们在思想上的不同的转变，导致了一些人出现了思想上的分歧。由于帕特里克经常四处游走，因此他很敏锐地感觉到了人们思想上的变化。

到处都充斥的硝烟的味道，看到街上的此情此景，帕特里克不禁想起了自己小的时候，因战争而失去了父爱。自从父亲牺牲在了战场上后，自己不得不与可怜的母亲相依为命。他还很清楚地记得，在自己小的时候，那个第一次世界大战宣告结束的时候，所有热爱和平的人们那兴高采烈的面孔。帕特里克尝到了战争所带来的苦涩，也品到了和平带来的甜蜜，于是，他决定要为和平做点什么。战争的伤害给帕特里克带来了后遗症，在他的心中涌动着一种不祥的感觉，他感觉到了这次燃起的战火要比第一次世界大战来得还要猛烈。虽然现在，战争才刚刚开始，但也有一种危险迫在眉睫的感觉，如果能把危险带来的后果尽量最小化，那么，自己是愿意为此冒险尝试去实现这一目标的。

父亲是在第一次世界大战中死亡的，父亲也是一名英勇的战士。冥冥之中，帕特里克似乎从父亲那里得到了莫大的勇气。我要为世界和平而战！帕特里克下定决心。此后的几天里，帕特里克有意识地搜集了很多关于目前战事的资料，从一些资料中他看出了，英国海军与德国海战时不断地失利，德国的潜艇像无孔不入的"地老鼠"，经常偷袭英国海军舰队。

"我要加入英国皇家海军。"帕特里克的脸上露出了难得的兴奋表情，想到为国效力，帕特里克很是激动，但想到分别，心一下就失落起来。

昏黄的灯光下，美丽的索菲亚伸出戴着乳白色手套的右手，伸到了帕特里克的胸前，深情地望着帕特里克。看着索菲亚遍布泪水的脸庞，帕特里克心里很不是滋味，对着姑娘，帕特里克轻轻地摘下她的手套，将手放在自己的胸前，满怀深情地说："记住，我永远爱你！"就这样帕特里克回到了英国，以其优秀精湛的航海技能和丰富的海域知识，成功地加入了英国皇家海军，成为一名为国效力的领航员。

战火很快烧到了挪威，当时的指挥官弗朗索瓦鉴于帕特里克在部队中的良好表现，任命他为这次"盟国西北远征军"的航员，执行前往挪威海域布雷的行动任务，同时为远征军指引航线。次日，帕特里克便和远征队伍浩浩荡荡地向挪威进发了。

可是天不从人愿,大雾弥漫了整个挪威接着又下起了大雪,船队无法靠岸,可是帕特里克灵光一闪,他记得当时和索菲娜去过一个小岛上面有一种船可以完成作战需要,所以,他立即向弗朗索瓦指挥官汇报了这一情况。弗朗索瓦再三考虑决定使用这种渔船靠岸,小渔船如同海中的鱼儿一样,轻便、快捷,不计其数的渔船穿梭于海港和军舰之间,像是一个个梭子在渔线中飞速穿梭一般。

然而战争是残酷的,德军并没有抵抗住,由英法两国组建的"盟国西北远征军"接到撤退命令:不要理睬当地居民,火速返回!帕特里克简直不敢相信,他走到指挥官的面前敬了军礼然后说到:"弗朗索瓦指挥官,我是个士兵,我已准备好战斗到我生命的最后一刻。我知道军人以服从命令为天职,但我请指挥官带上纳尔维克小镇的居民一同离开,避开空袭。我个人认为,一,此次盟国西北远征军的组建目的不就是为了保护和帮助挪威人民吗,德军一定会再度来袭,那时无人可以保护他们,谁能为他们的生命负责呢? 二,我们是盟国,如果就这样离开,势必会影响盟国之间的关系。三,如果没有当地人们的帮助,我们也许在海上就已经遭到了空袭。四,帮助他们是在我们的能力范围之内的,我们可以完成。指挥官,这些都是生命! "

弗朗索瓦指挥官看着帕特里克,最终下达了同居民一同撤退的命令。整整五千居民生命被帕特里克拯救了,登上军舰后只听"嘭——嘭——嘭"天空中坠落的炸弹如雨点般密布,美丽的纳尔维克小镇,碎石飞舞,火光冲天,不多时,小镇便成了一片废墟。

那五千多名居民只能在遥远的地方看着家园破碎,后来人们才知道,这次的空袭,仅有四名挪威人丧生。家园没了,可以再建,生命逝去却无法重生,还有什么会比生命更加珍贵的呢! 人们感谢着这些盟军,感谢着一个叫帕特里克的士兵!

这次作战让指挥官完全对帕特里克刮目相看,但是真正让帕特里克走进谍报工作的人是一名叫杰拉德的将军,他是帕特里克的上司,对帕特里克格外赏识,并直接交给帕特里克一个重要的任务,临走前,帕特里克庄严地向杰拉德将军敬了个军礼,杰拉德将军也向他回了个军礼。

这一次,帕特里克是以一个名叫"欧文"的商人身份去往挪威的,所以他穿着一套考究的西装,换乘了一条船,船上满载着货物,还有对帕特里克而言至关重要的一样东西,那就是无线电报机。

当帕特里克的商船要靠岸的时候,马上从岸边走下来几个士兵,要来盘查帕特里克的货物。帕特里克从容地走下了船,将事先准备好的能证明自己商人身份的介绍信交给了前来盘查的士兵。为首的士兵接过信,一边阅读,一边打量着帕特里克。帕特里克则站得笔直,一副光明磊落的样子。为首士兵粗略地看了一遍信,又将信转交给身后的几个士兵传阅。在这期间,为首的士兵一直上下打量着帕特里克,想从中看出什么破绽。

过了一会儿,后面那几个士兵也看完了信,就将信交还给为首的士兵,并低声说了句:"信没有问题,可以开始检查货物了。"为首的士兵点了点头,将信递给帕特里克,说:"你的货需要经过我们的检查才可以运上岸。"

"我是守法的商人,很乐意配合你们这些军官的检查",帕特里克故意做出谄媚的样子。他转过身,对那些船员说:"把船上箱子都打开,让这些军官检查一下"。

听到帕特里克这样说,船员纷纷把船上的箱子都打开了,那几个士兵便走过去检查箱子内的物品,他们检查得很用心,每个箱子都仔细地从里到外翻检一遍。在确定箱子里没有违禁的物品之后,为首的士兵对帕特里克说:"你的货物已经通过了我们的检查,现在让你的工人马上把这些货搬上去吧，越快越好。"

"好的，好的，我马上叫他们搬走这些货。"帕特里克飞快地回答道。他转过身，对那些船员说："现在把箱子都盖好，把它们搬到码头那儿去。"

话音刚落，船员们便把箱子都一个个盖好，开始有秩序地将货物搬运到码头上。帕特里克在一旁焦急地走来走去，不时催促着他的船员："动作快点，别像今天没吃饱饭一样，动作慢吞吞的。"突然，帕特里克脚下一滑，撞在了一个正在用小车运送货物的船员身上，帕特里克被撞得倒在一边，推车的船员连人带车都摔在了地上，几个箱子也摔进了海里。

这个突发事件让其他船员都惊呆了，他们愣了几秒钟，才连忙跑过来扶起了帕特里克和那个推车的船员。帕特里克站起来之后，十分气愤，大声对撞倒他的那个船员说："你是怎么办事的，怎么这么笨，我真怀疑你是不是从事船员这份工作的，雇佣你是我做的最不划算的一笔生意。"

被帕特里克教训的是一个看起来不满二十岁的少年，他显然被帕特里克凶巴巴的态度吓坏了，连忙向帕特里克道歉，"对不起，对不起，是我的疏忽，才撞到欧文先生您的，希望您能宽宏大量，原谅我的无心之失。"

"你还愣在这里干什么，快点跳下去把货物找回来，我这里随便一箱货物的价钱都比你一年的工资还要多，你要是再晚一会儿下去，导致我的货物有什么损失，我看你拿什么来赔偿损失。"帕特里克气急败坏地说。

"好好好，我马上下去帮您把货物找回来，您消消气。"说着，少年连忙跑到海边，纵身一跃，跳进了海中。

剩下的船员面面相觑，他们看到帕特里克如此生气，谁都不敢走过来说话。帕特里克转过身，对剩下的船员说："你们还傻站在这里干什么，快点搬哪！我的客户还等着收货呢，快点搬！"船员们听了帕特里克的训斥，连忙回到自己的工作岗位上，继续搬运货物。

十几分钟之后,刚才跳入水中的少年带着一个箱子游了上来,他浑身湿淋淋,费力地带着箱子走到帕特里克的面前,一脸愧疚地对帕特里克说:"对不起,欧文先生,水流太快了,我只找到这一个箱子。"

少年的话让帕特里克感到非常的无奈,"我怎么这么倒霉,遇上像你这么笨的员工。算了算了,我实在是雇不起像你这样让我损失惨重的员工了,这些钱你拿着,快点走吧,离我越远越好。"说完,帕特里克转身对其他船员说:"快点来个人,帮我把这个箱子搬上去。"

这时,从旁边走过来一个帕特里克没有见过的德国士兵,一脸严肃地问道:"你们在这里喧哗什么?把这些箱子给我打开,我要检查一下。"

帕特里克的身体僵硬了一下,他故作镇定地走到士兵身边说:"您好,这位长官,我的这些货物刚才已经有几位长官检查过了,这是封能够证明我身份的介绍信,请您先过目一下。"

士兵接过信,半信半疑地读起了信。帕特里克站在他的旁边,手心里开始渗出细细的汗珠。

片刻之后,士兵抬起头来,认真地对帕特里克说:"信没问题,不过我还是要亲自检查一下货物,我才能放心,请让你的工人把装货物的箱子都打开吧。"

"好,没问题,我现在就让他们把箱子都打开",帕特里克一边微笑着回答,一边装作很随意地将双手伸进了裤袋里。在他转身的那一瞬间,有一个声音及时出现救了他。

那个声音的主人便是一开始检查他货物的为首的那个士兵,他和他的那个小分队的士兵走了过来,告诉帕特里克身旁的那个士兵,帕特里克的货物,他们已经检查过了,只是普通的货物,并没有发现什么可疑的地方。然后,他们就将帕特里克身旁的那个士兵带走了。帕特里克笑着对那些士兵表示了感谢。

当那些士兵越走越远的时候，帕特里克才稍微松了一口气，他将已经掏出一半的枪又放回了裤袋里。之后，他就组织船员们将装着货物的箱子尽快运到了码头上。他自己带走了少年从海中找回来的那个箱子，其他的货物则统一送进了仓库保存。

一切工作都结束之后，帕特里克到当地的一家豪华旅店投宿。办理完入住手续之后，他就到旅店的餐厅去吃早餐，他把那只箱子一直带在身边。这时，有一个服务生打扮的人走了过来，恭敬地问道："先生需要搬行李吗？"

"帮我把这只箱子运送到 2032 号房。"说着，帕特里克潇洒地递给服务生一张十元纸币作为小费。

服务生接过纸币之后，心花怒放，高兴地回答道，"我现在马上就帮您去搬，您放心吧。"说完，拎走了箱子。

吃过早餐之后，帕特里克便回到了自己的房间里。他走到了箱子前面，小心翼翼地打开箱子，赫然发现箱子空空如也，什么东西也没有。他的眉头瞬间皱了一下，但很快恢复正常。他走到床边，躺在床上，闭着双眼休息，好像完全没有为丢失了货物而着急。

这时，有个人影从阳台翻了进来。"那么重要的无线电不见了，你怎么都不着急呀？"

听见有人说话，帕特里克懒洋洋地睁开了眼睛。"你和我都很清楚无线电对于我们的重要性，我相信你不会把它弄丢的。"

"你总是这么扫兴，每次想跟你开个玩笑，你都会一副气定神闲的样子揭晓谜底。"说话的人一边这样说着，一边麻利地除下了脸上的伪装，脱掉了身上服务生的服装，露出了他本来的面目，原来他就是在码头因为把装有货物的箱子撒到海里而被帕特里克开除的那个少年。他扁着嘴,抱怨道:"下次我要向上级申请和你互换角色,凭什么每次都是由我扮演你的手下呀! 上山下海的脏活累活都是我做的,而你只需要衣着光鲜地扮演老板的角色,站在那里对我大吼大叫就行了,我付出了这么多辛苦,上级每次却只嘉奖没怎么费力气的你,这真是太不公平了!"

"等你的办事能力能够超越我的时候,你就可以不用这么辛苦了。"说完,帕特里克起身,整理了一下衣服上的褶皱,"我现在要去熟悉一下地形,你是陪我一起去,还是在这里保护无线电?"

"我要留在这里休息!"少年大声地说道,"早上下海去取装有无线电的箱子耗费了我大量的体力,我现在需要好好休息一下。"说完,少年把自己重重地摔在房间里柔软的床上,感慨道:"高级旅店的床就是不一样,真舒服啊!"

"在这个房间里你做什么都可以,只要记得保护好无线电就可以了。"说完,帕特里克戴上帽子,出了门。

等帕特里克关上房门之后,少年小声嘟囔道:"真唠叨,又不是只有你自己一个人能力强,我好歹也是正规军事学校毕业的,居然敢小瞧我的能力,真是个自大的家伙。"

站在门外的帕特里克恰好听到了少年的话,他轻笑着摇了摇头,向外面走去。

出了旅店,帕特里克就一直在街上散步。在旁人看来,他就是一个在街上漫无目的地行走的普通人,其实,他一边走,一边在留意街道上的交通情况。同时,他的大脑也在高速运转着,他在思考,如何才能观察到德国军舰的活动情况。现在码头有德国兵在保守,守卫森严,如果直接去码头活动,恐怕自己还没看到德国军舰的影子,就已经被当作间谍抓起来了。

既然近距离观测不能实现,他就只能实行远距离观测了。他需要在一个距离码头比较近的高处眺望才能实现远距离观测,他一边这样想着,一边已经走到了码头附近的街道。

　　经过观察,他发现在码头附近有一栋白色四层的建筑物很符合他的要求,离码头又近,高度也足够他眺望码头了。他在这栋建筑的周围转了一圈,发现这是一栋装修豪华的别墅,而且门口有士兵把守,相信这应该是某个军官的别墅。

　　他装作不在意地走到街尾的商店买了包烟,顺便向售货员打探了一下那栋别墅的情况,结果和他猜测的一样,这栋别墅的主人的确是一个军官,名叫汉斯,而且这个汉斯比他预想的来头还要大。

　　他现在所处的这个小岛分为东西二区,汉斯军官正好是管理西区的。他现在脚下踩着的土地都是汉斯军官所管辖的范围内。他想在汉斯军官家观察德国军舰的活动情况,和想从老虎的头上拔下一根毛那样困难。但是,他既然接下来了这个任务,就没有退缩的道理。他决定兵行险招,置之死地而后生。

　　下定决心后,帕特里克就回到旅店,把这个想法告诉了他的助手——刚才赖在床上不走的那个少年,阿克曼·希尔。和他预想的一样,阿克曼·希尔很反对他的这个决定,阿克曼·希尔认为他这样做太危险了,而且如何深入到汉斯军官家也是个难题。就算侥幸让帕特里克能够混入汉斯军官家,只要他的行为稍有不慎,引起了别人的怀疑,他会马上被杀死的。所以,阿克曼·希尔不赞成他这样做。

　　看到阿克曼·希尔这样的反应,帕特里克坦然地拍了拍他的肩膀,"我知道,你是担心我这样做会有生命危险。可是,你有没有想过,现在在战场上浴血奋战的那些战士们,他们做的事情要比我即将要做的事情危险得多。同样是军人，既然他们能够做到为了保卫自己的祖国和人民而不怕流血牺牲，我们也应该做到为了为保卫自己的祖国和人民而把自己的生死置之度外。只有这样，才佩被称作一名军人。其实，在接这个任务的时候，我就知道执行这个任务的过程中会遇到很多危险，很可能会死，但是我也毅然决然地接受了。因为如果每个军人都怕死的话，那谁来保卫我们的祖国和人民呢？我们已经一起搭档很多次了，阿克曼·希尔，我也不希望你遇到危险。所以，如果这一次你由于害怕牺牲而想要退出，我也不会勉强你，毕竟我不能要求每个人都和我有一样的想法，而且我也不能保证这一次我们可以全身而退。"

听了帕特里克这番慷慨激昂的陈词，阿克曼·希尔不禁笑了，"既然你都这样说了，我要是不和你一起去，岂不是显得我太贪生怕死了吗？我陪你一起去，帕特里克！"说完，两个人相视而笑。

正在帕特里克和阿克曼·希尔为如何潜入汉斯军官家而发愁的时候，一则招聘启事引起了他们的注意。这则招聘启事是关于招募两个园丁的，而发这则招聘启事的人，正是汉斯军官的管家。

这则招聘启事让帕特里克和阿克曼·希尔欣喜若狂，他们连忙打扮成园丁的样子，去汉斯军官家应聘。在出发之前，帕特里克用无线电通知上级，他和阿克曼·希尔会假扮园丁混入汉斯将军家，争取找机会观察到德国军舰的活动情况。

当帕特里克和阿克曼·希尔走到汉斯军官家的别墅门口时，被守卫的士兵拦住了。他们向守卫的士兵说明了来意之后，守卫的士兵轻蔑地说："要面试园丁只能后门进去，这个前门是给汉斯军官和其他达官贵族走的，你们没有资格从这里进入。快点走吧，不要妨碍我站岗。"

于是，帕特里克和阿克曼·希尔便绕到了别墅的后面，他们发现在别墅

二战情报战

的后面围墙中，只有一个能容纳一个人走的小门，他们便走上前去，敲了敲门。很快，门开了一半，有一个大约五十岁左右的男人出现在他们的面前，男人警惕地问道："你们是谁，有什么事？"

帕特里克连忙向前走了一步，恭敬地对开门的男人说道："不好意思，打扰您了，您一定就是这里的管家乔治先生吧？我叫浩克，他叫史蒂芬，是我的表弟，我们两个在街上看到了招聘启事，所以一起来应征园丁的工作。"

听到帕特里克这样说，男人开始打量帕特里克和阿克曼·希尔。经过一番仔细地打量之后，男人开口问道："听你们的口音不像是本地人，你们是从哪里来的？"

"我和表弟原本是在乡下种地的，所以口音有点不一样。不过，您放心，我们在干活方面可绝对是不含糊的。不信，您可以现在就给我们分配点活，我们绝对干得又快又好。保证让您满意。"帕特里克拍着胸脯保证道。

"最好你们的能力能够像你说得那么强，我这里可容不下效率低的人，你们先进来吧，我看看你们的能力怎么样。"男人说着，转身向前走去了，帕特里克和阿克曼·希尔便跟随他的脚步，走了进去。

当他们走到别墅的侧面时，男人指着旁边的两个盆栽说，"你们先把这两棵小树修剪一下，要修剪成圆形的，最好是同样大小的。我还有些别的事情要忙，一会儿来验收你们的成果。"说完，男人向前走去了，他刚走了几步，又转过身补充道："别说我没提醒你们，这里是军官住的地方，不是你们乡下，你们只能在这呆着，不能到处乱走。否则被当作间谍抓起来，可是要被枪毙的。"

"我们不会乱走的，放心吧，乔治管家，多谢你的提醒。"帕特里克干脆地回答道。

"算你机灵"，男人高傲地说，转过身向前走去了。

等男人的身影消失之后，阿克曼·希尔愁眉苦脸地对帕特里克说："现在怎么办？我也不会修剪盆栽呀，早知道就不来应聘这个破园丁了，还得受刚才那个死老头的歧视！"

"放心吧，有我呢，我一定会让咱们俩顺利通过这场考验的。"说完，帕特里克挥舞着手中的剪刀，开始修剪盆栽。不一会儿的功夫，两盆盆栽就都被他修剪好了，并且修剪得十分整齐，是两个看起来差不多大小的圆球。如果不是亲眼所见，阿克曼·希尔真不敢相信，眼前这两盆修剪得如此漂亮的盆栽是出自帕特里克之手。他高兴地拍了下帕特里克的肩膀，"认识你这么久，没想到你还有当园丁的天赋呢！你这修剪得完全是专业级水准！"

"多谢夸奖，听到你这样褒奖我的作品，相信我们能够顺利的通过那个管家的考验。"帕特里克轻描淡写地回答道。

这时，刚才面试帕特里克和阿克曼·希尔的那个男人——乔治管家走了过来。乔治管家认真地看了看由帕特里克修剪完的两盆盆栽，说："没想到你们两个乡巴佬手艺还可以。由于现在军官别墅里急缺人，我就先把你们两个留下了。不过，你们也不要骄傲，如果你们在接下来的日子里，在这里表现得不好，我一样会把你们开除。我现在带你们去看你们的住处，跟我来吧。"

说完，乔治管家就向前走去了。帕特里克和阿克曼·希尔连忙兴奋地向他道谢，但乔治管家的态度依旧很冰冷，只是"嗯"了一声，没有说其他的话。只是默默跟在乔治管家的身后，不再出声。

乔治管家将他们两个带到了别墅东侧的一排矮房子中的一间，告诉他们以后这个房间就是他们居住的地方。虽然帕特里克和阿克曼·希尔都对这个房间的位置不是很满意，但还是努力挤出笑容，装作非常高兴的样子,向乔治管家表示了谢意。

乔治管家临走之前,再一次地嘱咐帕特里克和阿克曼·希尔,千万不能随便在这个院子里走动,尤其是没有主人或管家的命令,绝对不能进入到别墅里面。乔治管家还说,汉斯军官是一个很严谨的人,最讨厌他的手下不遵守规矩,做出一些越轨的行为。之前有几个不遵守规矩的人都被辞退了,所以要想长时间留在这里干活,就一定要遵守规矩。

等乔治管家离开之后,阿克曼·希尔便瘫倒在床上,情绪低落地说:"这下可糟糕了,本来以为装作园丁混进军官别墅里能伺机观察到外面的情况呢,没想到这里等级这么严明,工人根本没办法踏入别墅一步。看来我们的计划要泡汤了,我可不想在什么好处也捞不到的情况下,还得为这个德国军官打零工,不如我们离开这里吧?"

"不行",帕特里克严肃地拒绝了阿克曼·希尔的提议,"我们现在如果贸然离开了,一定会引起其他人的怀疑。既然我们已经成功混进来了,并且除此之外,又没有其他更好的办法能够实现我们的计划,在这种情况下,我们需要做的,就是坚持下去,等待时机。否则,我们之前的努力都白费了。而且,虽然我们现在不被允许进入别墅,但是起码我们已经处在一个离别墅非常近的位置了,可以说,我们现在离目标越来越近了,这是一件值得庆贺的好事,怎么能半途而废呢?"

"希望事情真能像你说得那样,发展得那么顺利吧,我……"

阿克曼·希尔还想说些什么,但是被帕特里克的手势打断了。帕特里克用手势告诉他不要说话,阿克曼·希尔就乖乖地闭上了嘴巴。两个人屏住呼吸,听到一阵细微的脚步声,临近门口的时候声音就没有了,这时一个男人的声音传了进来,"是不是有人在里面?"

帕特里克向阿克曼·希尔使了个眼色,阿克曼·希尔便马上起身,走到了门后的位置。帕特里克走到门口,打开门,看到门口站着一个他没有见过的男人。这男人大约三十岁左右,长得又高又胖,身上穿着的白衣白裤,一尘不染。原本白皙皮肤被烤的通红,脸上已经出了很多汗,身上隐约散发着香料的味道。通过他的穿着打扮,帕特里克推断,这个人应该是汉斯将军家的厨师。

"您好,我叫浩克,我和我表弟史蒂芬是新来的园丁,乔治管家让我们住在这,请问您有什么事吗?"帕特里克礼貌地问道。

"我也是听乔治管家说这里新来了两个园丁,我才来找你们的。我是这里的大厨,马克,厨房现在需要人帮忙,你们随我来吧。"马克的声音像他的外形一样那么粗犷。

听了马克的话,帕特里克故意装出很为难的样子,"我和我表弟是很想去帮你干活的,马克先生,可是乔治管家再三叮嘱我们,没有别人的允许,我们是不能轻易进入别墅的,否则很可能会被枪毙的。我们可不想因此而丧命。"

"不要理那个老东西,每个新人来了,他总会这么恐吓别人,其实就是怕出了什么事让他担责任。汉斯军官人虽然严肃,但绝对不是一个滥杀无辜的人,你们放心地跟我来吧,如果出了什么事由我负责。我已经在这里工作两年多了,汉斯军官一家人都非常爱吃我做的菜,我相信他们不会因为这点小事情就责怪我的。"马克毫不在意地说道。

"好的,我马上叫我的表弟出来",说着,帕特里克转过身,故意冲里面大声地喊道:"别睡觉了,史蒂芬,我们要马上去帮马克大哥的忙。"说完,他一脸笑意地看了一眼就站在门后的阿克曼·希尔,走出了门口。

两人就这么跟着马克,到了别墅里面,别墅的陈设,果然如帕特里克和阿克曼·希尔之前设想的一样,奢华无比,贵气十足。他们跟随马克进入了厨房,里面十分宽敞整洁,蔬菜和水果看上去非常新鲜,肉类和各种海鲜一应俱全,银质餐具被擦得闪闪发亮,放在橱柜中。

"这里就是厨房了,你们要配合这里的这些厨师尽快把午餐准备好,现在开始干活吧,有什么不懂多问问其他人,千万别出什么差错。否则,一旦汉斯军官怪罪下来,你们就别想继续在这里干活了。"马克大声地对帕特里克和阿克曼·希尔说道,紧接着,他又转身指着帕特里克和阿克曼·希尔,对正在灶台旁边忙碌的两位厨师说:"这两个是我找来帮忙的,高个的叫浩克,矮个的叫史蒂文,有什么粗活就让他们两个去干就行了,你们两个只要负责专心把菜做好就可以了。"两位厨师点点头,马上就为帕特里克和阿克曼·希尔分配了工作。自从马克告诉那两个厨师可以让他和帕特里克帮忙以后,两个厨师就把他和帕特里克支使的脚不沾地,一会儿让他刷锅,一会儿让他洗菜,这些繁琐的事情,让过惯了严谨的军人生活的阿克曼·希尔一个头变得两个大。

只要他稍微休息一会儿,那两个厨师就会给他安排点工作,让他无法脱身。反观帕特里克就幸运多了,他被派去花园里摘一些新鲜的花朵,来装饰即将做好的这些菜。阿克曼·希尔一边在厨房里忙,一边愤恨地想到,那个马克大哥真不是什么好东西,刚才请我们来帮忙的时候,态度谦卑的不得了,还说要是出什么事的话都由他负责。但是,一来到厨房里,他的脸马上就变了,不止告诉那两个厨师可以随便差遣他们,而且还说要是出什么事,他们就无法在这里工作了,这分明是过了河就拆桥啊,真是无耻的小人。他取的这个"史蒂芬"假名,本来很好记,可他居然也会记错,头脑真是有够笨的。

而帕特里克,要比阿克曼·希尔好多了。这时候,他一边轻快地哼着歌,一边在花园里采花。忽然,他觉得自己的脚踢到了一个什么东西,他低头一

看,原来是一只小兔子,正躺在他脚边。他把小兔子抱了起来,觉察到小兔子的身体有些发抖,这时,他才发现,这只小兔子有一条腿受伤了,伤口流出的血已经把它雪白的毛给染红了。帕特里克从自己的衣服上扯下了一块布条,麻利地帮小兔子包扎好了伤口。这种举动只是出于一时的好心,这只小兔子却帮了帕特里克一个大忙。

不远处有一名十七八岁衣着华贵的少女慢慢走到帕特里克的身边,他们互相打量着,帕特里克推测她应该是汉斯将军的家眷。少女打量了一会便开口问:"请问你看到我的'雪球'了吗?它是一只白色的小兔子。"帕特里克扬了扬手,少女立刻发出一声惊呼,轻轻接过小兔子,低下头抚摸着小兔子说:"原来你在这里了,雪球,我找你找得好辛苦呀。"

"原来它叫雪球,不过,我刚才发现它的时候,它的腿就已经受伤了,我刚才已经帮它把伤口简单地包扎了一下,回去之后,你给它的伤口上撒点药,再好好包扎一下,相信它很快就会康复了。"少女一脸感激地说:"真是谢谢你,今天你帮助了雪球,我会记住你的,以后你有什么困难,我也会帮助你的。"说完,少女甜甜地笑了,随后便抱着兔子离开了。

经过了一阵忙碌之后,汉斯军官带着客人了回来了,帕特里克和阿克曼·希尔又帮着仆人把菜都端了上去。等一切都结束之后,帕特里克和阿克曼·希尔已经累得满头大汗了。他们擦擦汗,正准备回去休息,突然有几个士兵冲进来,不由分说地抓住了他们两个。原来是汉斯军官的贵宾在吃饭的时候晕倒了,他们正被带去接受审问呢。

只见汉斯军官气定神闲地问道,"我这里只有你们这两个生面孔,参与了午餐的制作过程,所以我会首先怀疑你们两个人,希望你们都能如实地回答我的问题,否则,我会用其他办法来让你说实话。你和你的朋友,为什么要在午餐里下毒?是谁派你们来的?"

"汉斯先生，我和我表弟只是两个普通的从乡下到城里来谋生的年轻人，在今天之前，我们并没有见过汉斯先生，也并没有幸和您的亲朋好友有过什么交集，我们又怎么会在午餐中下毒来加害您和您的朋友呢，这根本说不通啊！"帕特里克诚恳地说道。

"你说话的样子很诚恳，让我很想相信你刚才的话，但我还是想要确认一下，你究竟有没有说谎，抱歉了，二位年轻的先生。"说完，他潇洒地朝帕特里克和阿克曼·希尔身边的士兵一挥手，那些士兵就开始对帕特里克和阿克曼·希尔拳打脚踢。

看来今天凶多吉少，千钧一发之际，他听到了一个听起来有些熟悉的声音，从远处传了过来，"拉赫曼先生醒了，哥哥你快去看看他吧。"

机智的帕特里克开始大喊："我刚才救过你的雪球，你答应过我要是遇见困难会帮的，现在我就要被你哥哥打死了。"这样一句话引来了少女的脚步，果然就是那位少女。看到帕特里克被打成这样少女在询问了经过之后，便去向哥哥汉斯解释了一番。随后门外有人对着士兵说："放了他们吧，他们不是下毒的人。"

"是。"喊话的人是汉斯的得力属下。

站在一旁的德国士兵，踢了阿克曼·希尔一脚，"这次算你们好运，有格拉芙小姐为你们求情。"

两个人挣脱束缚，互相搀扶着回到了之前乔治管家为他们两个安排的房间。很快，从门口传来了钥匙开门的声音，随后一个人提着东西走了进来。"都醒醒吧，汉斯军官派我来给你们送东西来了。"乔治管家放下手中提着的东西说："汉斯军官为人宽宏大量，虽然你们给他惹了不少麻烦，但是他不和你们计较，不仅让我拿一些药和食物过来给你们，还特别给你们一天的休息时间，明天你们不用干活了。以后你们少给我惹点麻烦，我先走了，你们好自为之吧。"说完，乔治管家转身就走了，帕特里克连忙站起身，送乔治管家到门口，恭敬地说："请慢走，乔治管家。"

看到帕特里克如此恭敬的态度，乔治管家很开心，"唉，看在你态度这么好的份上，我就好心地提醒一下，那个叫'马克'的厨师，可不是一个简单的人物，很多人都被他忠厚老实的外表给骗了。算你们运气好，这次只受了点皮外伤。如果你们两个再继续没头没脑地在这里横冲直撞，恐怕连怎么死的都不知道。你们这两天好好反省一下吧。"目送乔治管家离去之后，帕特里克回到了房间里休息。

经过了一天的休息，帕特里克和阿克曼·希尔的身体都恢复了很多。这一天的早上，乔治管家命令阿克曼·希尔去修剪草坪，而帕特里克则负责修剪盆栽。期间又遇见了雪球和寻找雪球的格拉芙，两人聊了几句就离开了。等格拉芙走了之后，乔治管家走了过来，他验收了帕特里克修剪的盆栽，觉得很满意。他告诉帕特里克今天的工作已经做完了，可以去休息了。

帕特里克便转身想要回去房间休息，乔治管家忽然又叫住了他，郑重其事地对他说，"格拉芙小姐是一个心地很善良，很平易近人的女孩子，虽然她的哥哥是具有很大权力的汉斯军官，但是她从来不会像其他贵族家的小姐那样，对他们大吼大叫，颐指气使，总是很有和善的和我们说话。又因为她长得又那么漂亮，所以大家都很喜欢她。不过，喜欢归喜欢，他们做仆人的，还是要和主人保持一定距离的。尤其是，汉斯军官只有格拉芙小姐这一个妹妹，他很疼爱他的这个妹妹的，他不喜欢格拉芙小姐和他们走得太近，他希望他今天单独和格拉芙小姐相处的这种状况，以后不要再发生了。否则，被汉斯军官看到，他很有可能会被辞退的，之后，让他回去后好好想想。"

"我会的，谢谢乔治管家的提醒。"帕特里克向乔治管家道谢之后，便向自己的房间走去了。一路上,帕克里特一直在回想,这个还没有出现的姐姐和汉斯军官反对他的妹妹与仆人之间的正常交往之间会有什么必然联系吗? 这一点,帕特里克暂时还没有想到。不过,看乔治管家刚才对自己说话的严肃程度,汉斯军官应该是很在意这件事的。如果能够挖掘到汉斯军官为何反对他的妹妹和仆人有所往来的原因,有可能可以利用这个原因来制造混乱,自己再趁机潜入别墅,观察德国军舰的活动规律。虽然帕特里克不是一个喜欢探听八卦的人,但这一次,为了能够顺利的完成任务,为了解救还处在水深火热中的人们,他决定破例一次,尽可能快的找出深藏在汉斯军官家的这个秘密。

当帕特里克快要走到房间的门口的时候,刚好碰到已经累得满头大汗的阿克曼·希尔。随后便把自己的推测说了出来,有关汉斯军官家的神秘的地方告诉了阿克曼·希尔。阿克曼·希尔听完帕特里克的推测之后,立刻变得很兴奋,他连忙催促帕特里克快点和他回到房间里,商量如何挖掘出汉斯军官家的秘密。阿克曼·希尔向帕特里克建议说,很显然,格拉芙小姐对帕特里克是有好感的,不如就顺水推舟,以格拉芙小姐作为突破口,设法从她那里获得他们想要的秘密。

对于阿克曼·希尔的提议,帕特里克显得有些犹豫。他知道阿克曼·希尔的建议是很符合实际的,也是现在看来最容易操作的,只是,对于格拉芙,他有些顾虑,虽然他只见过格拉芙寥寥几面,但是从格拉芙的言行举止和乔治管家对她的评价不难看出,她是一个心地善良,并且十分单纯的女孩子。因此,不到万不得已的情况下,他不想要通过欺骗这个单纯善良的女孩来获取他想要得到的情报。

正当帕特里克为了是否要利用格拉芙来挖掘出汉斯军官家的秘密的时候,有一个好消息传来,为他解了燃眉之急,那就是汉斯军官要离开别墅几天。这个消息自然不是汉斯军官亲口告诉帕特里克的，而是在一天早上，帕特里克看到乔治管家在训斥一个女仆时，无意间听到的。汉斯军官一走，别墅周围的防守自然也会减弱，这无疑是潜入别墅的最佳时机。因此，帕特里克决定，当天晚上就找机会潜入别墅。

上午，乔治管家又搬来了几盆盆栽，让帕特里克修剪。帕特里克便开始专心致志地修剪盆栽。过了一会儿，一辆车缓缓驶入了院子里。帕特里克蹲在地上，一心一意地修剪着盆栽，没有注意到从车上走下了两个人，慢慢地向他走来了。"这位英俊的先生，能帮我把我刚买的这些衣服拿到楼上去吗？"一个女人的声音从帕特里克的背后响起，这个声音略微有些尖锐，是帕特里克没有听到过的。他循声望去，发现有两个女人站在他的面前。

站在前面的女人有着一头深棕色的长发，脸上画着精致的妆，耳环和项链上的黄宝石在阳光的照耀下更加光彩夺目，身上穿着一件嫩黄色的连衣裙，从连衣裙的样式和质地不难看出，这条连衣裙一定是件高档货。从她的这身行头上，帕特里克推测她应该也是某个达官贵族家的千金小姐。不过，这个女人长得虽然很漂亮，但是从她的身上散发出一种很锐利的气息，让人有些不敢靠近。

站在这个女人身后的，是略显羞涩的格拉芙。她站在那个女人身边，显得很娇小玲珑，她仍然穿着一件白色的连衣裙，很符合她温婉娴静的气质。如果要选一种花来比喻格拉芙，帕特里克会想到睡莲。因为睡莲洁白又美丽，它静静地在水面绽放，从来不会过分炫耀自己的美丽，这一点，和格拉芙十分相像。经过了这几天的相处，格拉芙的声音，帕特里克已经很熟悉了，不是刚才他听到的那个声音，显然，刚才说话的是站在前面的这个女人。

"怎么了，不想帮我们的忙吗？"站在前面的这个女人用充满魅惑的眼神看着帕特里克。

"没问题，我马上就来。"说着，帕特里克放下了剪刀，拍了拍手上的灰尘，走到了女人的面前，接过了她手中的袋子。

"这还差不多，你帮我们送到楼上去吧。"说完，女人转身拉着格拉芙向前走去了。帕特里克提着刚才女人递给他的袋子，跟在她们的后面。格拉芙不时回头，微笑地看着帕特里克。

到了二楼之后，格拉芙回了自己的房间，艾莉森则带着帕特里克进了另外一个房间。帕特里克放下袋子之后想要走，却被艾莉森叫住了，艾莉森让帕特里克等一下再走，她还有些事情需要帕特里克帮忙，帕特里克便恭敬地站在门口等待。原来艾莉森换上了一身漂亮的礼服然后把帕特里克叫到房间让他帮忙拉拉链。在夸赞了艾莉森小姐一番之后，帕特里克就急忙出去了，因为富有又漂亮的艾莉森居然想勾引自己。

一般的贵族小姐都是不屑于和仆人交往的，这其中一定有什么蹊跷。正这样想着，他看到艾莉森从自己的房间里走了出来，他连忙躲到柱子后面，观察艾莉森的行踪，他发现艾莉森进入了格拉芙的房间。于是，他蹑手蹑脚地走到了房间门口，偷听艾莉森和格拉芙的对话。

这一听，听到了艾莉森是为了替格拉芙而考验自己的，但是接下来偷听到的居然是关于格拉芙姐姐的事情！

房间里的艾莉森叹了口气，"你现在这副样子，和伊莎贝拉当年刚碰到凯文的时候，一模一样，有时候，我真的不知道，当年我帮助伊莎贝拉瞒着汉斯，让她和凯文偷偷在一起约会，究竟做得是对还是错。伊莎贝拉是我的好朋友，当时我看到她为了不能和凯文在一起而伤心难过，就好心帮助她，多次让她和凯文在我的家里约会。没想到她却因此越陷越深，竟然达到了非凯文不嫁的地步。你哥哥毕竟是一个高级军官，又是这一区的主管，怎么能容忍自己的妹妹嫁给一个园丁呢？本来你哥哥是很疼爱伊莎贝拉和你这两个妹妹的，可是因为这件事，汉斯和伊莎贝拉的关系闹得很僵，汉斯为了让伊莎贝拉和凯文断绝关系，就辞退了凯文，将伊莎贝拉软禁在家中。但是，伊莎贝拉却并没有因为被软禁而会放弃她和凯文之间的那份爱，谁都不会想到，外表柔弱的她竟然那么倔强，自从被软禁之后便不再进食，决心反抗到底，任谁去劝说都没有用。就在事情僵持不下的时候，凯文因为一场交通意外去世了。汉斯想用这个消息来劝说伊莎贝拉放弃，结果却适得其反，在伊莎贝拉得知凯文已经去世的消息之后，就自杀了。从自她去世之后，我就一直在想，如果当初我没有帮助他们两个见面，他们之间的感情就不会那么深，那么伊莎贝拉也不会因为听到凯文去世的消息就难过的自杀了。我当初好心想帮她，其实却反而害了她。"说到这里，艾莉森已经哽咽了。

"我一直也没有遇到一个能够让我怦然心动的人，直到那天，当我发现浩克抱着'雪球'对我微笑的时候，心跳忽然就加速了。原来，在这个世界上，真的会有这样一个人，明明是第一次和他见面，却好像已经认识了一辈子那么久，让你觉得为他做任何事都是很自然的，我对于浩克，正是这样一种感觉。虽然我和浩克只见过几次面，但是现在我闭上眼睛，脑海中就会清晰地浮现出他笑的样子。他的笑容是那样的温暖，好像能把冬天的积雪都融化一样。有时候，我甚至觉得，我是因为姐姐留下的'雪球'才会认识他，这是否是冥冥之中，姐姐给我的指引呢？不过，我也明白，我和他是不可能有未来的，我知道克里斯一直很喜欢我，克里斯是哥哥的得力助手。他的家世背景哥哥也很满意，我想哥哥迟早会把我嫁给克里斯的。"

听到这里，帕特里克震惊了，没想到，格拉芙对自己的感情如此深了，这让他如何忍心利用一个深爱自己的可爱女孩呢？此刻，帕特里克觉得自己的心里仿佛打碎了一个五味瓶，各种滋味混杂在一起，让他很难受，而且也很难说出他心里究竟是一种什么感觉。

回到自己的房间帕特里克将他在别墅里听到的事情告诉了阿克曼·希尔，想和阿克曼·希尔一起探讨应该如何进行下一步的计划。阿克曼·希尔听了他的讲述之后，思索了一阵，然后一本正经地说道："格拉芙小姐曾经救过我们的命，我也不想去伤害这个可爱又善良的女孩子，但是就目前的情况看来，从她那开始着手，是最可行的办法。尤其现在正好汉斯军官不在家，我们的机会就更大了，你自己好好考虑一下吧。"听了阿克曼·希尔的话，帕特里克沉默了一阵。其实，阿克曼·希尔说的话，他也考虑到了。他只是不想去通过利用一个女孩对自己的纯真感情来达到自己的目的，可是现在又实在想不出什么更好的办法，为了他的国家和饱受战争之苦的人民，他只能抛弃儿女私情，利用格拉芙一次了。于是，他和阿克曼·希尔计划当天晚上进行一次行动。

当夜幕降临的时候，阿克曼·希尔就开始乔装打扮，他换上了一套黑色的服装，又戴了一个黑色的头套，只露出两个眼睛，让外人无法看到他的真实面目。准备好一切之后，他对帕特里克做了个手势，就出发了。

帕特里克则站在屋子里，焦急地等待阿克曼·希尔的消息。过了一会儿，帕特里克听到敲窗户的声音，他连忙走到窗前，打开窗户，阿克曼·希尔把"雪球"递给了他。帕特里克称赞阿克曼·希尔动作快，阿克曼·希尔得意地一挑眉，"那当然了，虽然说我不及你魅力大，不管走到哪里都有美女喜欢你，但是喜欢我的人也很多，我略施小计，就轻易地从扫地大婶的口中得知了每天晚上的这个时间她都会给"雪球"洗澡，这样我才能顺利地把"雪球"偷出来。等着瞧吧，他们很快就会发现"雪球"不见了，根据之前"雪球"丢两次都是在你这找到的经验，格拉芙小姐一定会来问你的。现在我的部分已经完成了一半了，接下来就看你的了。"

"放心吧，我会尽力的。"帕特里克表情沉重地说道。说完，他抱着"雪球"走了出去。刚走了没几步，就看到格拉芙向他跑过来，气喘吁吁地问道："你看到'雪球'了吗，浩克先生？"

"我正想去找你呢，我刚才在这附近散步，突然就发现'雪球'向我跑过来了，我想它一定是一时调皮跑出来玩了，所以就把它抱起来，想要去找你，免得你为找不到它而着急。现在好了，在这里遇到你，可以物归原主了。"说着，帕特里克将"雪球"递给格拉芙。

"真是太感谢你了，浩克先生，每次都要麻烦你帮我照顾它，真不好意思。"格拉芙用充满感激的眼神看着帕特里克，帕特里克一瞬间觉得有些惭愧，眼前的这个女孩是多么单纯啊，她在真心地感谢我帮我照顾她的小兔子，却不会想到其实她的小兔子是被阿克曼·希尔偷出来的。

"你在想什么，浩克先生？"格拉芙温柔地问道。

"没什么"，帕特里克担心自己再面对格拉芙清澈的眼神，会不忍心欺骗她，于是，他抬头望向了天空，说出了阿克曼·希尔事先教他的话："我只是觉得，这么美的夜色，如果不在外面走走，实在是太可惜了。"

"这样啊，那我和'雪球'陪你在这走走吧。"格拉芙善解人意地说道。

帕特里克点了点头，开始领着格拉芙朝阿克曼·希尔埋伏的地方走去。刚走了一半的路程，突然从旁边的树后面冲出了几个黑衣人，其中一个拿着刀对格拉芙迎面砍了下去。说时迟那时快，帕特里克连忙拉开了格拉芙，和黑衣人打了起来，格拉芙在旁边已经吓呆了。

开始，帕特里克还在心里感叹道，阿克曼·希尔这次可真聪明，还懂得雇一些人来和他对打，这样显得更逼真一些。但是，很快，帕特里克就发现事情并不像自己想得那样简单，他发现这几个人下手凶狠，对自己使用的都是致命的招式，肯定不是阿克曼·希尔雇来的演戏。这几个人会是谁派来的呢？他一边忙着应付这几个黑衣人，一边还要保护格拉芙，已经渐渐处于劣势。于是，他找个机会推了格拉芙一把，大声说道："快去找人帮忙。"

"哦，你等着我，我马上找人来帮你。"说完，格拉芙便向前跑去。但她没跑几步就脚下一滑，摔倒了。一个黑衣人见状连忙跑过去，拿起刀便要砍格拉芙，千钧一发之际，帕特里克奋力扑到格拉芙的前面，用手臂为格拉芙挡下了致命的一刀。血喷薄而出，格拉芙吓得哭了起来。还好阿克曼·希尔带着人及时赶到了，阿克曼·希尔看到帕特里克受了伤，立刻从自己的衣服上撕下一条，绑在帕特里克的伤口上，为他止血。阿克曼·希尔和守卫们与那几个黑衣人打斗了一阵，那几个黑衣人看到来人太多，已经没有什么胜算，就纷纷逃跑了，只有一个受了重伤，被抓了起来。

打斗结束之后，格拉芙连忙搀扶帕特里克回了别墅，并且命令乔治管家找医生来为帕特里克治伤。过了一会儿，医生来了，对帕特里克及时进行了救治。医生对格拉芙说，虽然帕特里克手臂上的伤口很深，但是没有伤到筋骨，只要休养一段时间就好了，不用太担心。格拉芙为了方便自己照顾帕特里克，便让帕特里克住进了二楼的客房。乔治管家本来对这件事颇有微词，但是格拉芙坚持要让帕特里克搬进来，并且承诺如果过几天汉斯军官回来因为帕特里克住在这里而感到不高兴的话，她会承担全部的责任。乔治管家便没有再多说什么。

就这样，帕特里克成功地住进了别墅，格拉芙一直在房间里细心地照顾着帕特里克，陪帕特里克聊天，直到很晚才离开。等格拉芙一离开，房间里便传来几声敲窗户的声音。帕特里克起身，打开房门，向走廊张望了一下，确定走廊里没有人，才警惕地把门锁好，才走到窗边，打开窗户，把阿克曼·希尔放了进来。阿克曼·希尔一进来，便瘫坐在沙发上休息，他向帕特里克抱怨道："这个格拉芙大小姐对你感情可真深啊，一直到这么晚才走，害得我在外面喂了一个晚上的蚊子。"

听到阿克曼·希尔这么说，帕特里克立刻倒了杯水给阿克曼·希尔，"辛苦你了，先喝杯水吧。"

阿克曼·希尔刚要接过帕特里克手中的水杯，忽然看到在帕特里克的床头柜上放着一些水果，于是，他马上推走了帕特里克端给他的水杯，跑到帕特里克的床旁边，拿起一个苹果说："我不喝水了，还是先吃点水果吧，自从来了这儿之后，都没吃到过什么水果。"

他一边说，一边翻动着盘子里的水果，感慨地说道："格拉芙小姐对你可真好啊，拿来这么多水果给你吃。不过，如果我是她的话，遇到一个像你这么英俊的男人，在生死关头勇敢地挺身而出，为她挡了一刀，我肯定也会非常感动的。话说回来，你的伤怎么样了？"

"没什么大碍，医生说没有伤到筋骨，休养一段时间就好了。至于我为格拉芙挡的那一刀，也算是对她的补偿吧，毕竟刚才咱们用'雪球'引她出来，差点使她丢了性命。她一片真心地对待我，我却利用了她来达到自己的目的，我觉得很惭愧。你对刚才那些袭击我和格拉芙的黑衣人有什么看法？"

听了帕特里克的问题，阿克曼·希尔难得表情变得严肃起来，"我觉得那些人训练有素，并不是普通的强盗什么的，因为很明显这些人的目的就是为了杀掉格拉芙，而不是为了钱财。这些人应该是有人花钱雇来的专业杀手。不过，根据咱们对格拉芙的了解，她应该不会和别人结下这么深的仇怨。所以，我推断，雇杀手来刺杀格拉芙的人很可能是和汉斯军官有仇，并且这个人十分了解汉斯军官，知道汉斯军官只有这一个妹妹，并且汉斯军官最近不在，这里的防守很松懈，所以才会雇佣杀手来杀格拉芙,想以此来打击汉斯军官。"

"恩,我很同意你的看法。而且,我认为这个人很有可能就隐藏在这栋别墅里,否则,这个人不会对这里的情况这么了解。汉斯军官离开的消息,并未向外透露,我也是无意中听到的,这个人在汉斯军官离开的当天就派人来刺杀格拉芙,显然是得知汉斯军官不在这里的消息之后,才会如此胆大行事的。知晓汉斯军官行踪的,一共就那么几个人,暂时还看不出来哪个人有可疑,我看我们要多加注意才行。"帕特里克认真地分析道。

"怎么",阿克曼·希尔一挑眉,"你打算帮格拉芙小姐找出派人刺杀她的凶手吗?"

"我这样做,不仅是为了帮她,也是在我们自己。如果不把这个凶手找出来的话,他很可能还会搞一些其他的暗杀活动,这里的气氛会变得很紧张,乔治管家一定会加强戒备的,我们要在这栋别墅里自由活动的难度就加大了。所以,我认为我们应该尽快帮乔治管家找出凶手。找到凶手之后,这里的戒备一定会放松一些的,也就更方便我们在这里行事,我们顺利完成任务的胜算就更大了。"帕特里克一本正经地说道。

"那好吧,我回去也会仔细地想想找出凶手的方法,你在这里好好休息吧,我先回去了。"说着,阿克曼·希尔起身欲走,路过帕特里克的床头的时候,他又拿了几个苹果,笑着对帕特里克说:"反正这里水果这么多,你一个人也吃不完,我就帮你分担点了。"说完,他便走到窗边,打开窗户,冲帕特里克潇洒地挥挥手,之后从窗口离开了。帕特里克无奈地摇了摇头,回到自己的床上休息。

第二天清早,格拉芙就来看望帕特里克了。帕特里克向她询问,在这个别墅里工作的仆人,是否有曾经和汉斯军官发生过冲突的。格拉芙表示,她的哥哥平时工作很繁忙,所以很少会和仆人有什么交流,在她的记忆中,好像没有哪个仆人曾经和她的哥哥发生过冲突。帕特里克安慰她不用担心，他已经帮格拉芙想出了找到凶手的办法。他让格拉芙先带他去关押昨晚抓到的那个刺杀他们的人的地方，他要亲自审问那个刺客。

当他们赶到关押刺客的地下室之后，发现那个刺客由于昨晚受了重伤，没有及时地进行救治，已经奄奄一息了。帕特里克马上让格拉芙支开了在门口的两个守卫，打算秘密地审问这个刺客。格拉芙害怕得躲在帕特里克的身后，帕特里克让刺客说出幕后的主使者是谁，那个刺客张了张嘴，没来得及发出声音，就一命呜呼了。

帕特里克询问格拉芙，有几个人知道这个刺客关在这里。格拉芙告诉他，只有乔治管家和门口的两个守卫知道这个刺客的下落。于是，帕特里克让格拉芙调走了看守在门口的两个守卫，并且找来了阿克曼·希尔，拉走了刺客的尸体，让阿克曼·希尔换上刺客的衣服留在地下室里。然后，帕特里克让格拉芙召集别墅里的所有人在大厅集合。

在会议上，格拉芙大声说道，昨晚刺杀她的凶手就关在地下室里，她会让帕特里克对那个人进行毒刑拷打，一定要逼他说出幕后的主使者是谁，如果让她抓到那个幕后主使者，她一定会严惩不贷，希望大家引以为戒。

在格拉芙讲话的时候，帕特里克站在她的身边，细心观察着每一个台下人的反应。他发现大部分人在听说凶手已经被抓到的时候都表现得很开心，只有几个人无动于衷，一副和自己无关的表情。帕特里克还着重关注了他重点怀疑的几个人，即乔治管家和其他几个在这栋别墅干活的主要负责人，他们都没有做出什么反常的表情。

不过，让帕特里克意想不到的是，有一个不在他重点怀疑范围内的人却做出了很奇怪的反应，那就是上次陷害他和阿克曼·希尔的厨师，马克。开始的时候，马克站在那里，一直是一副心事重重的样子，好像在思考什么事情，并没有专心听格拉芙讲话。一直到他听格拉芙说会对抓到的刺客进行毒刑拷打，逼他说出幕后的主使者是谁的时候，他立刻抬起了头，一脸惊恐地看着格拉芙。

马克这样反常的表现引起了帕特里克的注意，如果马克真如他自己所说，汉斯军官一家人都很喜欢他做的菜，那乔治管家一定会通知他这两天汉斯军官不在家，不必准备汉斯军官的饭了。自己之前只顾着怀疑有机会知晓汉斯将军的行踪的那几个主要负责人，却唯独忽略了和汉斯军官的日常饮食方面有着紧密联系的马克，真是大意啊，帕特里克在心里暗暗地想到。不过，马克到底是不是这次谋杀案的幕后主使者，等一下就能揭晓了。

如果马克真的是这次谋杀案的幕后主使者的话，他一定会想办法到地下室去，把那个刺客灭口的，现在只需要静待真正的幕后主使者去自投罗网，当结果揭晓的时候，就知道马克究竟是不是这次谋杀案的幕后主使者了。

等待的时刻总是十分漫长的，帕特里克带着格拉芙躲在地下室等了一天，也没看到有人来自投罗网。当然，等的最不耐烦的，是乔装成受伤的刺客的阿克曼·希尔。他忍不住对冲隔壁的帕特里克抱怨道："你让我穿着这件死人的衣服在这里躺了一天了，能不能找个人来替我一下呀，我都快累死了！"

"你再坚持一会吧，我相信幕后主使者很快就会出现了。"帕特里克在墙的另一边安慰道，说完，他和格拉芙相视一笑。

"我为了引这个幕后主使者现身吃了这么多苦，你可要好好报答我呀，格拉芙小姐。"阿克曼·希尔故意装作很可怜的声音对着墙壁说道。

"好的，史蒂芬先生，等哥哥回来，我一定会让他重重地奖赏你。"格拉芙笑着说。她刚说完，就看到帕特里克对她做出了不要出声的手势，她便乖乖地把嘴闭上了。帕特里克轻轻地敲了三下墙,暗示阿克曼·希尔有人来了。

这时,从外面传来了一个人的脚步声,脚步声慢慢地向阿克曼·希尔所在的房间接近。格拉芙担心一会儿自己会因为害怕而忍不住发出声音,所以用手把自己的嘴巴捂住了。

在隔壁的阿克曼·希尔,也握紧了藏在手中的匕首,做好了战斗的准备。阿克曼·希尔感觉来的人离他越来越近,虽然是背对着那个人,但仍然感受得出那个人带着一股强烈的杀气。阿克曼·希尔默默地看着那个人投射在墙上的影子,当那个人拿刀要砍向他的时候,他的身体立刻向旁边一滚,躲开了那个人的第一次袭击。

那个人被他的动作吓了一跳,当场愣住了,他马上坐起身来,以迅雷不及掩耳之势拿匕首用力刺向了那个人的腿部。那个人发出一声惨叫,手中的刀掉在地上也顾不得捡,狼狈地瘫倒在地上,用手捂住了自己的伤口,鲜血不断地从那个人的指缝中流出。阿克曼·希尔走过去将那个人的刀捡了起来,架在那个人的脖子上,那个人并没有多加反抗,只是用力捂着自己腿上的伤口。虽然那个人戴着面具,让阿克曼·希尔看不清他的表情,但是从那个人的眼神和行为中,不难看出,那个人已经绝望了。

一听到隔壁传来打斗的声响,帕特里克就嘱咐格拉芙留在原地,自己则连忙赶了过去。当他走到门口的时候,发现阿克曼·希尔已经成功地将凶手抓获了。阿克曼·希尔一脸得意地看着他,用嘲笑的语气说道,"你来的也太慢了,还好我自己的随机应变能力很强,要是等你来救我呀,恐怕我早已死在这个人的刀下了。"

"辛苦你了。"帕特里克一边说着,一边用事先准备好的绳子将那个人捆了起来。

等帕特里克捆好那个人之后,阿克曼·希尔对着隔壁大声叫道,"出来

二战情报战

吧，格拉芙小姐，我们已经抓到凶手了，现在等你来揭晓凶手的真面目。"

听到叫声，格拉芙连忙从隔壁走了过来，站在帕特里克的身旁。阿克曼·希尔看到她走过来之后，笑着对她说："现在紧张的时刻到来了，究竟是谁这么胆大包天，敢买凶刺杀我们可爱美丽的格拉芙小姐呢？现在让我来为你们揭晓答案吧。"说着，阿克曼·希尔揭开了那个人的面具，结果和之前帕特里克预测的一样，凶手是厨师——马克。

"天哪，居然是你，马克大哥，你为什么要雇杀手来杀我呢，我和你并没有仇怨哪？"格拉芙惊呼道。

"我们是没有仇怨，但是我和你哥哥有！他害死了我弟弟，所以，我也要让他尝试一下失去亲人的滋味。"马克恶狠狠地说。

"不，不会的，我的哥哥不会滥杀无辜的，你一定是弄错了。"格拉芙语气坚定地说道。

"弄错？"马克轻蔑地笑了，"你还记得这里曾经有一个园丁叫做'凯文'吗？"

听了马克的问话，格拉芙惊奇地睁大了眼睛，"你是说伊莎贝拉的男友，凯文吗？他不是出车祸死的吗？跟我哥哥又有什么关系？"

"要是没有你哥哥，他又怎么会出车祸，那场车祸根本就是你哥哥指使人做的！"

马克咆哮道，"我早就告诉过凯文，不要和像伊莎贝拉这种富家女在一起，根本是没有什么前途可言的，但是他偏偏不听我的劝告，继续和伊莎贝拉纠缠一起，结果还不是落得个被辞退回家的下场。他回家的那几天，吃也吃不好，睡也睡不好，所以他后来出了那场车祸，我也没多想，我当时还以为他因为晚上睡不好觉，过马路的时候没有听到司机的喇叭声，才会发生那场意外的。但是，我做梦也想不到，在案子结束以后，我去警察局领完凯文的遗物准备回家的时候，竟然在警察局的后巷，看到刚才已经被警察局收押的肇事司机，居然大摇大摆地从警察局的后门走了出来。我清楚地看到他上了一辆车，我连忙把车牌号记了下来。经过几番打听，我才知道，那辆车就是你哥哥的车，很显然，那场车祸就是你哥哥一手策划的，目的就是为了杀死凯文，好让伊莎贝拉死心。当时，我就决定，一定要想办法潜入别墅，杀了汉斯，为我死去的弟弟报仇。不过，当我在这里待得越久，我就越觉得，杀了汉斯实在是太便宜了，我要让汉斯留着这条命，想办法让他身败名裂，遭人唾弃，这样才是最痛苦的。只不过，这个心愿实现起来有点困难，不知道是他太走运还是我太倒霉，我陆续策划了几次行动都没有成功，一直都没能让他身败名裂。我不能让他这个杀人犯一直这么安稳地活着，我要让他痛苦，所以我就想出了一个主意，那就是杀掉他在这个世界上唯一的亲人，也就是你，格拉芙小姐，我要让他和我一样，体会到失去亲人的那种锥心之痛。"

"不，这不是真的，我哥哥不会是杀死凯文的凶手的。"格拉芙哭着地说道。

看到格拉芙哭得如此伤心，帕特里克安慰地拍了拍她的肩膀，温柔地说道："先让阿克曼·希尔送你回去吧，我还有些话想要问他，这里就交给我吧。"

听了帕特里克的话，格拉芙点了点头，阿克曼·希尔便走过来，带格拉芙先离开了地下室。

等阿克曼·希尔和格拉芙离开之后，帕特里克问了马克几个问题。马克给他的答案和他推测的一样。那天汉斯军官的客人因为花粉过敏而晕倒的事件是马克一手策划的。

原来，那个客人之前来过这栋别墅，马克敏感地发现，那个客人总是用手绢捂着鼻子,这样特殊的举止引起了马克的注意。马克自从潜入这栋别墅之后,脑海中无时无刻想得都是如何能将汉斯军官扳倒,所以马克只要看到一点能够扳倒汉斯军官的希望,都会去努力去做。

打听到的结果也让马克很满意,那个客人叫拉赫曼,是当地一位举足轻重的人物。在这次汉斯军官举办的宴会举行之前,马克就拿到了客人的资料,乔治管家吩咐马克要根据客人的喜好来准备菜肴。当马克看到名单上的拉赫曼的时候,灵机一动,就想到了用花朵来装饰菜引拉赫曼病发的主意。马克认为,如果拉赫曼在汉斯军官主办的宴会上出了什么意外,一定会对汉斯军官的名声造成非常不好的影响。本来,马克还在烦恼,要借谁的手来做这件事情,正好在这个时候,马克听说乔治管家新招募了两个园丁,马克就想到了要用这两个园丁来当替罪羊的想法。

听完了马克的讲述,帕特里克叹了口气,说:"你因为弟弟的死而感到难过,这种心情我可以理解,马克大哥,但是你有没有想过,那天如果不是格拉芙为我和史蒂芬求情,我们两个很可能已经死了。你让两个和你无仇无怨的人,为了你想报仇的私心而无辜地死去,就算你最后真的报仇成功,你的心里,真的会感觉到快乐吗?仇恨已经蒙蔽了你的双眼,让你无法正常的去生活,你应该试着放下仇恨,过正常人的生活。你设想一下,如果凯文得知你为了给他报仇而落到了今天的这个下场,他会开心吗?我想他也会劝你放下仇恨的。你能够快乐地活着,才是对凯文最大的安慰,你自己好好在这里想想吧。"

听了帕特里克的话,马克陷入了沉思。帕特里克最后看了他一眼,离开了地下室。

于是,他走了过去,温柔地对格拉芙说:"这里风很大,小心着凉了,格拉芙小姐。"

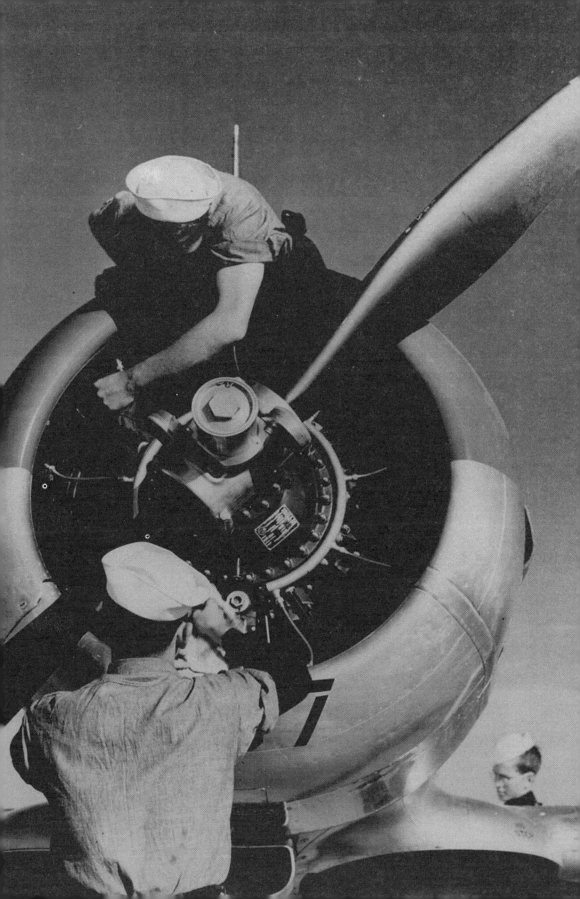

听到帕特里克的声音,格拉芙转过头,勉强对帕特里克挤出了一丝微笑。

当帕特里克询问她打算如何处置马克的时候,格拉芙无助地摇了摇头,"我也不知道应该如何处置马克大哥,如果那天晚上不是有你为我挡了一刀的话,恐怕我早已死在他雇佣的杀手的刀下,我应该很恨他才对,可是当我听他说完他想杀我的原因,我又觉得他很可怜,如果今天我被他害死了,哥哥一定也会不顾一切地为我报仇的,所以他的心情,我完全能够理解。只是,我不相信哥哥会做出雇人杀害凯文的事,哥哥一直对我和伊莎贝拉疼爱有加,怎么会忍心杀死伊莎贝拉的爱人呢?大家都知道,伊莎贝拉和凯文的感情非常深厚,如果凯文死了,伊莎贝拉一定会非常伤心的,我不相信哥哥会做出让伊莎贝拉伤心的事情,而且哥哥一向都是一个非常正直的人,我不相信他会以权谋私,滥杀无辜。浩克先生,你说我应该相信马克的话吗?"

"我也不希望这件事是真的,既然你觉得很烦恼,就不要去想这件事了。我已经帮你通知乔治管家派人去看守地下室了,等汉斯军官回来,再由他决定怎样处置马克吧。"帕特里克好心地建议道。

"真是太感谢你了,浩克先生,哥哥不在的这两天发生了太多事情了,让我的心很乱,还好有你一直陪在我身边,帮助我出谋划策,还帮助我找到了这次买凶刺杀我的幕后主使者。如果没有你,我真的不知道应该怎么办才好。"格拉芙感激地说道。

"不用客气,格拉芙小姐,这都是我应该做的,如果没有别的事情,我想先回去休息了。"帕特里克微笑着说道。

"好的,你好好休息吧,有什么事情吩咐下人就好,希望你的伤能尽快好起来,否则的话,我太过意不去了。"格拉芙不好意思地说。

只见帕特里克温柔地笑笑,潇洒地向格拉芙挥手告别,回到了自己的房间里。

回到房间里的帕特里克,长长地吁了一口气,买凶刺杀格拉芙的幕后主使者终于抓到了,这下他可以毫无顾忌地着手进行他的活动了。他走到床边,开始寻找照相机。

今天和阿克曼·希尔见面的时候,阿克曼·希尔偷偷地告诉帕特里克,他把照相机藏在帕特里克现在居住的房间里了,让帕特里克自己去寻找。所以,现在帕特里克要凭借自己的力量把照相机找出来。以自己对阿克曼·希尔的了解,阿克曼·希尔一定会把照相机藏在一个很难被人发现的地方,帕特里克决定先从角落开始找起。他翻遍了房间里的各个角落,连床底下都找过了,但始终没有发现照相机的踪影。

找了一会儿,帕特里克觉得有些累了,就坐在床上休息,顺便想一下阿克曼·希尔可能会把相机藏在哪里了。他看着床对面的柜子,默默地想道,莫非这次阿克曼·希尔反其道而行之,把相机藏在明显的位置了?于是,他站了起来,将房间里的柜子和抽屉都翻了一遍,结果让他很失望,他依然一无所获。

经过这样的一番折腾,帕特里克觉得有些口渴,所以就拿起水壶打算给自己倒一杯水喝。当他把水壶拿起来的时候,赫然发现,在水壶的下面有一张纸条,不用说,这一定是阿克曼·希尔留下的。帕特里克把纸条拿到眼前,发现纸上只写着:觉得累了就喝口水,休息一下,照相机所在的位置的第一个单词和你现在喝的东西是一样的哦。

"和我现在喝的东西是一样的,我喝的是水,水的英文是'water',这个房间里还有什么是和'water'有关的吗?"帕特里克喃喃自语道,他环顾了四周,并没有发现任何以'water'为开头的事物。当他的视线重新落回床头柜的时候，他忍不住笑了出来，他已经知道阿克曼·希尔把照相机藏在哪里了。

只见他走到了床头柜前面，仔细地观察起放在水果盘里的西瓜，果然被他发现西瓜上有一块被刀割过的痕迹。西瓜的英语是"watermelon"，如果阿克曼·希尔的提示没错的话，照相机应该就藏在这个里面了。他将那块被刀割过西瓜拿了起来，发现西瓜里面的果肉已经不见了，而他花费了很多时间和精力想找的照相机，此刻正静静地躺在里面，它的外面还被裹了一层塑料布，这是以免相机因沾水而被损坏。这种把照相机藏在西瓜中的做法，恐怕只有阿克曼·希尔一个人能够想得出来。

想到这里，他不禁笑着摇了摇头。他站在窗口，拍摄了许多德国军舰活动的相片，又对德国军舰的活动规律进行了记录。做好了这些工作之后，就需要想办法用无线电将这些情报传递回去了。

这时，从门口传来了一阵敲门声，他连忙把照相机收好，打开了门。他看到格拉芙端着饭菜站在门口，温柔地望着他。他连忙伸手想把饭菜接过去，但是格拉芙没同意，"你现在手受伤了，不能拿重的东西，还是让我来帮你把饭菜端进去吧。"说着，格拉芙端着饭菜走进了房间，将饭菜放在了桌子上。

"这真是太不好意思了，怎么能麻烦格拉芙小姐帮我端饭菜呢，下次我自己下楼去吃就可以了，不用麻烦你帮我把饭菜端上来。"帕特里克不好意思地说道。

"没关系，举手之劳而已，而且你救了我的命，我应该好好地报答你。你慢慢吃吧，我先回房间了，免得我在这里你放不开。"说着，格拉芙便向门口走去了，帕特里克送她到门口，格拉芙向前走了几步又回头对帕特里克说："对了，忘了告诉你，以后你叫我格拉芙就可以了，不用叫我格拉芙小姐。"

"那，好吧，格拉芙。"帕特里克的回答让格拉芙很满意，她笑着离开了。

送走了格拉芙之后，帕特里克回到了房间里，他刚坐下准备吃饭，就听到从背后传来一个声音，"格拉芙真是一个善解人意的好女孩呀，不嫌弃你的园丁身份，还主动帮你把饭菜端到房间里。"

"你下次能不能别总偷听我和格拉芙的对话？"帕特里克没好气地说道，他不用回头就知道，说话的人一定是阿克曼·希尔。

"恩，让我想想"，阿克曼·希尔一边说着，一边从窗帘后面走了出来，"你知道的，偷听别人说话是我们做间谍这一行的一项基本工作，这几年我已经习惯了，一遇到有人在我旁边说话的情形，我就情不自禁想要偷听他们的说话内容，所以如果我下一次又遇到你们两个在谈话的话，还是会忍不住偷听你们的谈话内容的。而且，如果我不是这么身手敏捷，神通广大，你早就不会和我一起搭档了，我说得对吧，亲爱的搭档？"

"既然你这么空闲，你就想想我应该如何用无线电把情报传回去吧。"帕特里克一边吃饭，一边说道。

"好吧，就让我这个聪明伶俐的搭档来帮你分析一下吧。以格拉芙小姐对你的关心程度，她一定会常常来看你的，这样就会阻碍你传递情报。你需要想出一个隐秘的传递情报的办法，让格拉芙小姐在场的时候，也可以持续传递情报，而不会被她发现。我分析的对吧，帕特里克？"阿克曼·希尔得意洋洋地说。

"你说得这些我都想到了，我现在需要的，是你刚才说的那个'隐秘的办法'，你能帮我想到这个办法吗？"帕特里克停下了手中的刀叉，一本正经地问道。

"这个吗，我要吃点好东西才能想到。"说着，阿克曼·希尔走到了帕特里克的身边，看了一眼帕特里克的饭菜，大声地说道："格拉芙小姐对你真好啊,给你的饭菜都是这么顶级的菜色,看这个鳕鱼,它的肉是那么晶莹雪白,那么弹性十足,一看就是刚刚从海里打捞上来的,快点给我吃一口。"说着,阿克曼·希尔着急拿起了桌上的勺子,不小心碰到了帕特里克受伤的手臂一下,帕特里克忍不住闷哼了一声。

"你没事吧? 我不是故意要撞你的!"阿克曼·希尔小心翼翼地说。

"我没事,我吃饱了,这些菜你想吃哪个就吃哪个吧。"说完,帕特里克揉了揉被撞痛的手臂,走到了窗边。他看着窗外的德国军舰,心中焦急万分,他不断地问自己,究竟怎么样才能想出一个不容易被别人发现的传递情报的方法。

一阵海风吹过来,他受伤的手臂有些隐隐作痛。他低下头,看着缠满绷带的手臂,不禁叹了口气,在这个关键的时刻,他的手受伤了,严重影响了他的战斗力。忽然间,他想到了一个主意,自己可以利用手臂上的伤来传递情报,想到这里,他不禁笑出声来,阿克曼·希尔被他的笑声吓了一跳。当他把自己刚才的想法告诉阿克曼·希尔的时候,阿克曼·希尔反应了几秒钟之后,笑着拥抱他,称赞他聪明绝顶,这样的妙计只有他才能想出来。

这天晚上,阿克曼·希尔帮助帕特里克装置好了无线电,帕特里克顺利地和杰拉德将军取得了联系。帕特里克告诉杰拉德将军,从明天开始,他就会用摩尔密码的方式向他汇报德国军舰的活动,请杰拉德将军注意接听他发出的信号。

第二天,格拉芙像往常一样,一大早就来看望帕特里克。帕特里克和她一起谈笑风生,她发现帕特里克总是望着窗外,手指偶尔在受伤的那条手臂上轻轻地敲击,看起来又没有什么规律可言。于是,她向帕特里克询问敲击手指的原因。帕特里克告诉她,这样每天轻轻地敲击这条受伤地手臂,可以促进血液循环,有助于伤口的恢复。出于对帕特里克的信任,格拉芙对于帕特里克的特殊举动并没有任何的怀疑,她完全相信了帕特里克说的那套"每天轻敲手臂有助于伤口的恢复"的理论。

就这样平静地过了几天,帕特里克已经差不多摸清了德国军舰活动的规律,他对杰拉德将军的汇报工作也进入了尾声。眼看着他在这里的任务就要结束了,他已经没有再继续留在这里的理由,他的心中忽然有些不舍。他出神地望着窗外,想着如何能编造一个合理的离开理由,而且这个理由最好能不让格拉芙伤心。

"你在想什么,浩克?"格拉芙走到他的身后,温柔地问道,经过这些天的相处,格拉芙已经把对他的称呼由"浩克先生"直接变成了"浩克",帕特里克的心中当然明白格拉芙这样改变对他的称呼意味着什么,曾经有几次,他想把话和格拉芙说清楚,他只把格拉芙当成一个小妹妹看待,希望格拉芙不要再继续迷恋他了,他们之间是不可能有未来的。

但是,每次当他面对格拉芙那双清澈的眼睛的时候,他就把已经到嘴边的话都咽了回去,他不忍心伤害这个单纯善良的女孩子。他甚至希望,格拉芙永远都不会发现他的真实身份,否则等最后揭晓他的真实身份以及他接近格拉芙的真实目的之后,格拉芙一定会非常伤心的。他希望在他留在这里的最后几天,可以尽量做一些事情来弥补格拉芙。于是,他转过身,温柔地对格拉芙说:"没想什么,只是从这里看到外面的天气很好,我想我们应该出去走走。"

"好啊,那我们现在出去吧。"格拉芙开心说道,她伸手想挽着帕特里克,一起出门。在她的指尖即将碰到帕特里克的手臂的那一瞬间,门被大力地打开了,一个人怒气冲冲地出现在他们两个的面前,格拉芙吓得马上收回了手,帕特里克的身体也变得僵硬起来。因为,突然出现在他们两个面前的这个人,不是别人,正是格拉芙的哥哥,汉斯军官。

"为什么你会在这里？"汉斯军官用眼睛死死地盯着帕特里克，生气地问道。

"因为他受伤了。"格拉芙一边说，一边挡在了帕特里克的前面，"他为了救我而受伤了，哥哥，所以我留他在这里住几天，方便我照顾他。"

"这件事我刚才已经听乔治管家说了，但是我很怀疑他救你的目的，他和你非亲非故，只认识了这么短短的几天，为什么要不顾自己的性命来舍身救你呢，我不相信这个世界上会有人这么好心地愿意冒着生命的危险去救一个才认识几天的。我这几天一直在外面开会，上级说已经有很多敌国的间谍混入到这座小岛中，我现在怀疑他就是一个敌国的间谍。"

说着，汉斯军官大步迈到格拉芙的身边，用力将她拉到一边，完全不顾格拉芙差点因为他的大力拉扯而摔倒。帕特里克伸手想去扶格拉芙，却被汉斯牢牢拽住，汉斯扯过帕特里克那只受伤的手臂，粗鲁地将手臂上的纱布都撕碎了，当帕特里克手臂上的尚未痊愈的伤口呈现在他面前的时候，他才满意地松了手，对帕特里克说："你暂时通过了考验，但是这并不代表我已经相信你了。这里不是你应该住的地方，你回到你原来住的地方去吧。"

看到这样严峻的形势，帕特里克顺从地点了点头。

"你这样做是不是有些太过分了，哥哥"，格拉芙生气地走到汉斯的面前，"我刚刚已经说过了，他是为了救我才受的伤，他为了救我流了很多血，差点死掉了，我留他住在这里几天有什么不对？现在伤口你也检验完了，为什么你还要赶他走呢？"

"我还没来得及说你呢，你倒先跟我发起脾气来了。你也不看看自己是什么身份，这个人又是什么身份，你认为你堂堂一个军官家的小姐，留一个园丁住在你隔壁，这样做合适吗？你应该了解，名声对于一个还没有出嫁的

二战情报战

上流社会的贵族女孩子来讲有多么的重要，难道你就不担心别人因此说你的闲话吗？如果这件事传到了克里斯家里，人家会怎么看你，这些你都想过没有？格拉芙，你已经不是一个小孩子了，你要时刻注意你的言行，别再让我为这些生活上的琐事担心你了，行吗！"说到最后，汉斯显得有些无奈。

听了汉斯的话，格拉芙看着他的眼睛，一字一句地说："我无法控制别人对我有什么看法，我也不在意别人对我的看法。我只知道，我身边的这个男人，为了救我受了很重的伤，那天晚上如果不是他为我挡下了这一刀，我早就已经死了，也不可能站在这里和你说话。如果我连让我的救命恩人住在我隔壁的权利都没有，那我还活在这个世界上有什么意思！不如你现在就把你的枪拿出来，开枪杀了我算了。"

人们往往会想不到，一个外表看上去很柔弱的女人在捍卫自己的爱情的时候，会迸发出多么惊人的胆量，汉斯现在正面临着这样的情况。他怎么也想不通，他才离开了几天而已，一向乖巧听话的妹妹竟然变成了另外一副模样，对自己说出这样决绝的话。格拉芙刚才和自己争吵的样子，像极了当年的伊莎贝拉。眼前的这个场景，让他想起了当年自己数次因为伊莎贝拉和凯文交往的事情，而和伊莎贝拉吵架时的情景。

往事历历在目，只是人物由伊莎贝拉变换成了格拉芙而已。自从伊莎贝拉出事之后，他就对格拉芙严加管教，为的就是避免发生今天这样的情形，但没想到他努力了这么久，结果还是功亏一篑了。为什么他精心呵护的妹妹们都要忤逆他的意思，和一些配不上她们的平民谈恋爱呢？伊莎贝拉是这样，现在格拉芙也是这样。想到这里，他气得脖子上的青筋都显现了出来，"你说这话是什么意思，你居然为了一个外人这样顶撞你的哥哥，你是不是想气死我！"

"既然你不杀我，那就是同意我的看法了，我先走了。"说着，格拉芙走到帕特里克身边,挽着手温柔地对他说:"我们走吧,我们先去我的房间坐坐,一会儿再回来。"说完,她就拉着帕特里克离开了,帕特里克尴尬地回头看了一眼汉斯,发现对方正恶狠狠地盯着他。帕特里克便连忙把头转了回去,跟着格拉芙,进了她的房间。

刚一进入到格拉芙的房间,帕特里克就闻到了一阵清新的花香,这让帕特里克刚才紧绷的神经,能够稍微放松一下。格拉芙的房间布置的很梦幻,洁白的墙壁,柔软舒服的地毯,华丽的公主床上面罩着镶着白色蕾丝边的床单,在床的对面是一个非常大的衣柜,透过衣柜上的玻璃窗可以看到里面挂满了各式各样名贵的服装。格拉芙拉着帕特里克走到阳台的长椅上坐下,她将头轻轻地靠在帕特里克的肩膀上。

"其实你不用为了我和你哥哥发生这么大的冲突,格拉芙小姐,我回去我原来住的地方,对我也没什么损失啊,我不希望看到你为了我的这点小事而和你哥哥闹得不愉快。"帕特里克十分愧疚地说道。

听到帕特里克这样说,格拉芙抬起头,对他勉强地微笑了一下,"我们现在不要提这些不开心的事情好吗,我只想和你在这里静静地坐一会儿。"

帕特里克点了点头,不再说话,格拉芙将头重新靠在帕特里克的肩膀上。两个人一起静静地坐在长椅上,看着窗外的景色。

过了好一会儿,格拉芙缓缓地开口说道:"你记不记得我曾经对你说过,我还有一个姐姐?"帕特里克点了点头。格拉芙的眼神变得哀伤起来,"现在我为你讲讲她的故事吧。"

温暖的夕阳照在格拉芙身上,让她显得越发地柔和,她开始向帕特里克讲述伊莎贝拉的故事。伊莎贝拉从小就是一个非常惹人喜欢的女孩子,她既漂亮又聪明,是家里最受宠爱的孩子。

父母在世的时候,对她期望很高,希望她能够嫁给一个家世背景都十分优越的王公贵族。她也的确有能力做到这一点，从她十几岁的时候开始，就不断地有人来家里拜访，大家心里都很清楚，来的这些王公贵族，都是为了伊莎贝拉来的。其实，她只要随便嫁给其中任何一个人，都能过上优越的生活可，但是，她偏偏选择了一条十分艰难的路。她在一次外出的时候结识了凯文，双方都给对方留下了很好的印象。

没过几天，她就发现凯文变成了家里的园丁，她觉得这个巧合是上天赐予他们两个的缘分，所以更加愿意跟凯文相处。他们在家里的时候无法相处，经过了一段时间的相处，两个人之间的感情变得更加深厚，最后达到了难分难舍的程度。这件事被发现之后，遭到了哥哥的强烈反对。那个时候，父母已经不在了，家里的事情都由哥哥来管理。

哥哥先辞退了凯文，又将伊莎贝拉软禁了起来，以为这样就可以让两个人断绝往来。但是，没过两天，就传来了凯文出车祸去世的消息。哥哥及时把这个消息告诉了伊莎贝拉，以为这样可以让伊莎贝拉尽快对凯文死心，却没想到，在他离开伊莎贝拉的房间不到一个小时，当仆人去给伊莎贝拉送饭的时候，就发现伊莎贝拉已经死了，她用一把水果刀结束了自己年轻的生命。

在讲述这个故事的过程中，格拉芙数次落泪，帕特里克不知道应该怎样安慰她，只能轻轻地拍拍她的肩膀。格拉芙勉强挤出了一丝笑容，"我没事，只是在给你讲这个故事的时候忽然有点想念伊莎贝拉，自从她去世之后，哥哥就变得非常严肃，我几乎都没有再看到过哥哥的笑容。他对我的管教，也变得非常严厉。我知道，他一直对伊莎贝拉的死感到很内疚，他也一直害怕我会重蹈伊莎贝拉的覆辙，走上一条不归路。可惜……"

虽然格拉芙没有再把话说下去，但是帕特里克已经明白她的心中究竟在想什么，这让帕特里克感觉到更加内疚。他觉得自己不能再让格拉芙对自己抱有幻想了,这样拖下去,只会对格拉芙的伤害更大。他决定对格拉芙把话说清楚,把自己心中的真实想法告诉格拉芙。

于是,他看着格拉芙的眼睛,认真地说:"我有些话想对你说,格拉芙。"话刚说到这里,就从门口那儿传来了一阵敲门声,原来是仆人来为他们送晚饭了。格拉芙吩咐仆人将饭放到桌子上,之后拉着帕特里克的手,甜甜地说:"我们先吃饭吧,浩克,有什么话等到吃完晚饭之后再说。"帕特里克只能把已经酝酿许久的话又咽回到肚子里。

晚饭过后,帕特里克陪格拉芙玩了一会儿跳棋,之后就回到了自己的房间里。他躺在床上,翻来覆去的睡不着觉。他觉得自己已经不能再继续留在这里了,要尽快离开,一方面因为他已经顺利完成任务了,而且汉斯军官回来之后,他继续留在这里被发现的危险就会加大。

他不知道应该如何面对格拉芙。本来今天他打算把话说清楚的,但是自从仆人的突然出现将他的话打断之后,他发现自己就再也没有勇气开口了。他觉得自己没有办法去伤害一个对他百分之百信任,又心甘情愿为他付出的女孩。想到这里,他起身将无线电收好,从二楼的窗户爬了出去,找到阿克曼·希尔,将无线电交给了阿克曼·希尔,并且通知阿克曼·希尔联络好船只,他们要尽快离开这里。

第二天早上,帕特里克到花园里去散步,阿克曼·希尔趁机通知他,船已经联络好了,他们随时去码头就可以坐船走了。帕特里克告诉阿克曼·希尔,他和格拉芙告别之后,就来找阿克曼·希尔会合,两个人一起去码头。

正当帕特里克想要回到别墅里向格拉芙告别的时候,看到格拉芙从别墅中走了出来,格拉芙想让帕特里克陪她一起出去走走。帕特里克犹豫了一下,答应了,他想在离开之前,最后陪格拉芙走一段路,算是为这个对自己一往情深的女孩能做的最后一件事情吧。

他告诉格拉芙，他和阿克曼·希尔自从来到这里工作之后，还没有出去玩过，想带阿克曼·希尔一起出去散散心，格拉芙同意了。于是，他找到阿克曼·希尔，偷偷地告诉阿克曼·希尔一会儿和格拉芙出去之后，他会跟格拉芙说让阿克曼·希尔自己先行离开，这时，阿克曼·希尔去码头等他就可以了。他陪格拉芙走一段路之后，就会去码头和他会合。阿克曼·希尔点头同意了帕特里克的建议。

他们三个人乘坐汉斯军官家的车缓缓离开了别墅。当车快要行驶到市中心的时候，格拉芙命令司机停车，三个人一起下了车。这时，帕特里克向格拉芙提议道，让阿克曼·希尔自己去逛逛，他留下了陪格拉芙。格拉芙甜蜜地笑了，同意了他的这个提议。阿克曼·希尔临走之前，帕特里克向阿克曼·希尔使了个眼色，示意他一切按照之前的计划进行，阿克曼·希尔心领神会地点了点头，之后便自己离开了。

在这个时刻，就只剩下格拉芙和帕特里克两个人了，格拉芙很自然地挽着帕特里克的手，开始逛街。他们两个像一对普通的情侣一样，先去服装店逛了逛，然后一起共进午餐。午餐过后，他们继续在街上闲逛，刚好遇到街上有人为人画像，格拉芙便提议她和帕特里克一起去让那个人画一张，帕特里克同意了。

他们在画师面前坐下，帕特里克显得很拘谨，画师便笑着让他们两个靠近一些，并且称赞他们是一对看起来很相称的恋人。听到画师这样说，格拉芙幸福地笑了，她将头轻轻地靠在帕特里克的肩上，画师看了之后，说帕特里克显得和格拉芙太疏远了，让帕特里克握着格拉芙的手，帕特里克犹豫了一下，最终温柔地握起了格拉芙的手。格拉芙手柔若无骨，帕特里克握得小心翼翼，生怕自己一个不小心用力过猛，会把格拉芙的手握碎。

半小时之后，画师将两个人的肖像画完成了，画师将完成的画递给格拉芙和帕特里克,帕特里克看着画像中的两个人,的确很相称,只不过与格拉芙的一脸甜蜜相比,自己的神情要拘谨得多。不过,格拉芙对画像很满意,她让画师地把画卷好,付了钱后,小心翼翼地拿着那幅画,和帕特里克一起离开了。帕特里克看了下表,发现距离上午和阿克曼·希尔分别的时间已经过去很久了,他不想让阿克曼·希尔等自己太久,于是就跟格拉芙说,他想去码头那边散散步,格拉芙欣然同意了。

两个人在码头悠闲地散了会儿步,帕特里克渐渐走到了和阿克曼·希尔约定的位置。离别的时刻,终于要到来了,帕特里克停下了脚步,格拉芙也跟着停下了脚步。帕特里克伸手握住了格拉芙的双手,温柔地对格拉芙说:"我有些话想对你说,格拉芙。"

"你想对我说什么,浩克?"格拉芙抬起头,温柔地望着帕特里克。

就在帕特里克刚想开口说话的时候,忽然有一辆车疾驰而来,停在距离他们很近的地方,从车上走下来的,是汉斯军官和克里斯,还有汉斯军官的几个手下。"放开我妹妹。"汉斯军官怒吼道。

格拉芙连忙转过身,惊讶地看着汉斯军官,"你怎么来了,哥哥?"

"快点儿到我身边来,格拉芙,站在你身边的那个男人根本不是什么园丁,而是一个英国间谍。"汉斯军官急切地说道,接着,他转过身对他的手下说:"你们去把那个人给我抓起来。"

听到汉斯军官的命令,他的手下纷纷跑到帕特里克和格拉芙身边,将帕特里克和格拉芙包围了。

看到眼前这样的情形,格拉芙惊呆了,"不,这不可能,你是不是弄错了,哥哥?浩克怎么可能是间谍呢?"

"不可能会弄错的,从我第一次见到他就觉得这个人很可疑,所以我找人调查了他,结果证实他在前几天才以一个叫'欧文'的商人身份在这个码头上的岸,我说得对吧,欧文,哦,不,如果我没猜错的话,'欧文'这个名字应该也是假的吧,这位先生？我们到底应该如何称呼你呢？”克里斯一脸得意地对帕特里克说道。

“不,这不是真的”,格拉芙大叫道,她转过身,握着帕特里克的手,脸上充满了期待的神情,“你告诉我,他们说得不是真的,对不对？是他们弄错了你的身份,对不对？你是浩克,不是什么'欧文',对不对？”

面对格拉芙这样的逼问,其实帕特里克可以撒谎的,但是在一刻,他已经不想再欺骗一个对她如此信任,又深爱着他的女孩子,他张了张嘴,最后艰难地说出了一句,“对不起,格拉芙。”

听完帕特里克的这句话,格拉芙觉得自己的心有种要裂开的感觉,她将手从帕特里克的双手中抽了出来,“你怎么可以这样对我？”说完,她忍不住哭了起来。

“你们还愣着干什么,快点抓住这个人哪！”克里斯大叫道,汉斯军官的几个手下便上前去想要抓住帕特里克,帕特里克和他们打了起来,格拉芙像一个没有了灵魂的木偶,面无表情地站在原地。

克里斯对汉斯军官说:“您先带格拉芙小姐回去吧,这里由我来处理就可以了。”汉斯军官点了点头,上前带走了面无表情的格拉芙。

汉斯军官一边走,一边对格拉芙说:“早就叫你不要和这个人纠缠在一起了,你偏不听,现在证实我说的话没有错吧,这种处在社会底层的人根本不能够相信。”

他看格拉芙没有说话,以为格拉芙是因为这件事情在担心,又继续说道:“不过你也不用担心,我今天带来的人都是我的亲信,他们都是很懂事的人,不会把这件事情说出去的,你的名声不会因此受到半点损害。至于克里斯,你就更不用担心了,他已经明确向我表示过了,不会因为这件事情而看轻你的,而且也会对他的家人守口如瓶的。他还是像以前一样爱你,愿意娶你为妻。我看今天回去之后,我和他商量一下,你们两个尽快把婚事办了吧,以免夜长梦多。"

当汉斯军官以为格拉芙听了他刚才这番话会感激涕零的时候,格拉芙突然停下了脚步,十分悲伤地说:"为什么你还不明白呢,哥哥,人生最重要的东西,根本不是所谓的名声或是能不能过上锦衣玉食,高枕无忧的生活,而是人与人之间的感情,是金钱买不到的东西。如果我真心地爱一个人,我才不会在乎他的职业和出身,就算他只是个园丁,和他在一起只能过贫穷的生活,我也会觉得很幸福。我以为伊莎贝拉的死,会让你有所觉悟,没想到你还是这么执迷不悟,坚持要我嫁给一个我不爱的人。我爱的人是浩克,哥哥!"

此时,格拉芙并未想到她刚才的这番话会引起了另一个人的心中发生了海啸,这个人就是克里斯。格拉芙的话一字不漏地进入了克里斯的耳朵,她的每一个字都仿佛一把刀,深深地插在了克里斯的心上,怒吼道:"什么,你爱的人是浩克,那我算什么? 我为你付出了这么多,居然比不上一个和你只认识几天的小子! 我要杀了他!"说着,克里斯举起枪,准备瞄准帕特里克。

"你不能这样做",格拉芙气愤地说道,她想跑过去阻止克里斯,无奈被汉斯军官拽住,她一边挣扎,一边喊道:"快放下你的枪,克里斯。"但是,克里斯丝毫没有理会她,继续用枪瞄准着帕特里克,准备伺机下手。在千钧一发之际,格拉芙不知从哪里来了股力量,她用力地推开了汉斯军官,她看到克里斯已经准备扣动扳机了,她来不及阻止克里斯,只能飞快地跑到帕特里克的身边,这时,正巧克里斯按下了手中的扳机,子弹从枪膛中飞了出去,当克里斯看到格拉芙挡在帕特里克身前的时候,已经来不及了,子弹稳稳地打在了格拉芙的胸口,格拉芙的身体向后倒了下去,帕特里克及时扶住了她,不断从伤口涌出的鲜血已经染红了格拉芙的上衣,旁边的人看到这一幕,都停止了攻击帕特里克的动作,愣在原地。

"为什么你要这么傻呢,你明知道我欺骗了你,我不值得你这样做的。"帕特里克抱着格拉芙,动情地说道。

这时,听到枪声的阿克曼·希尔也赶了过来,他跑到帕特里克的身边,慌忙地问道:"发生什么事了,为什么我刚才听到有人开枪?"他刚说完,就看到了躺在帕特里克怀中的格拉芙,他惊讶地张大了嘴巴。

"你救了我一次,现在我救你一次,这样才公平呀?"格拉芙虚弱地说道,她将手中的画卷递给帕特里克,"你能不能答应我,好好保管这幅画,这是我们之间,唯一有关联的东西,现在我把它交给你了。"帕特里克接过画,悲痛地点了点头。

在这个时刻,汉斯军官毕竟是一个久经沙场,历练丰富的人,他率先缓过神来之后,疯狂地扑到格拉芙的身边,用力推开帕特里克,抢过格拉芙抱在怀里,"你没事吧,格拉芙?你放心,你只是受了点轻伤,哥哥马上带你上医院,你很快就会好的。"然后,他转过头大叫道:"你们还愣在这里干什么,快点把车开过来,送格拉芙去医院哪!"旁边的人听到他的话,连忙跑去开车了。

"不",格拉芙用力地摇了摇头,"你先答应我,放过浩克和他的表弟,我才和你去医院。"

"他都把你害成这样了,你还要帮他说话,你怎么这么愚蠢哪,格拉芙!你能不能为我考虑一下,我已经失去伊莎贝拉了,不能再失去你了。"汉斯军官痛苦地说道。

"对不起,哥哥,我不是有意要让你难过的,只是我真的很爱他,从我小的时候,你就很疼我,你能不能答应我这最后一个请求？"格拉芙气若游丝地说道,她的嘴唇已经没有什么血色了。

听了格拉芙的话,汉斯军官无奈地抬起了头,凶狠地对帕特里克和阿克曼·希尔说:"听到没有,要不是有我妹妹帮你们求情,我今天一定要杀了你们,你们两个还不快点给我滚！"

虽然汉斯军官这样说了,但是帕特里克没有动,他站在原地,面带愧疚地望着格拉芙。

阿克曼·希尔连忙上前去拉拉他的衣袖说:"快点走吧,再不走来不及了。"帕特里克犹豫了一下,上前去握着格拉芙的手说:"答应我,你一定要好起来。"格拉芙虚弱地点了点头,之后,帕特里克就立刻被阿克曼·希尔拉走了。

就在帕特里克和阿克曼·希尔两个人走到岸边的时候,听到了汉斯军官绝望的呐喊:"你醒醒啊,格拉芙,不要离开我！"帕特里克刚想转身去看一下究竟发生了什么事,就被阿克曼·希尔眼疾手快地拉住跳入了海里。

事后证明,阿克曼·希尔的选择是对的。他们刚跳入海中不久,就听到岸上跑来了几个人,对海里进行了疯狂的射击,子弹像雨点一样密集地射入水中。好在帕特里克和阿克曼·希尔的水性都很好,躲过了这一劫。

当两个人最终上岸之后,帕特里克失魂落魄地打开了与格拉芙分别之前,格拉芙亲手交给他的那幅画,由于受了海水的浸泡,画已经变得模糊不清了。他用手轻轻地抚摸着模糊的画纸,一滴泪从他的眼角滑落。

他终究是无法避免地伤害了格拉芙,格拉芙却不计前嫌地为他挡了致命的一枪,可见格拉芙对他的用情之深,他的心里充满了愧疚。虽然在跳下海的前一刻听到了汉斯军官的咆哮,意味着格拉芙很可能已经告别了人世,但是在他心中,还是默默地希望这个女孩子可以活过来,找到一个值得她爱的男人,幸福地生活下去。阿克曼·希尔看到帕特里克在发愣,就走过去拍拍他的肩膀说:"想开点吧,人的一生难免要经历生离死别,我们的身份已经暴露了,再待在这里很危险,我们要尽快回去复命。"

听了阿克曼·希尔的话,帕特里克点了点头,他将画纸小心翼翼地收好,和阿克曼·希尔一起回到了盟军的势力范围内,找到了杰拉德将军。杰拉德将军看到他们两个回来很高兴,赞扬他们两个这次任务完成得又快又好,并且表示要嘉奖他们两个。帕特里克对杰拉德将军说,他不想要任何的奖赏,只想休息一段时间。杰拉德将军批准了帕特里克的假期,帕特里克便一个人去到了一个隐秘的小岛上进行度假。

在小岛上,帕特里克过着一个普通园丁的生活,白天侍弄侍弄花草,晚上很早就睡觉了。偶尔天气炎热的晚上,他也会坐在院子里的长椅上,望着夜空中的繁星数星星玩。他觉得小岛上方的夜空似乎比外面世界的夜空要美丽许多,夜空是深邃的蓝色,星星又多又亮,他常常数着数着就睡着了。只有在这样的时刻,他的心里才能得到真正的平静,他才能真正的把之前的那些纷纷扰扰抛之脑后,睡一个安稳觉。

几个月之后的一天,当帕特里克像往常一样拿着喷壶给院里的花浇水的时候,忽然感受到后面有一个人从他的右侧攻击他,他利落地闪开,和来人打斗了一番,最后他成功地将那个人击倒。帕特里克又拿起喷壶浇花,不再理那个人,那个人只能悻悻地自己站起身来,拍拍身上的灰,抱怨道:"我好心来看你,你就这么对待我呀,枉费我这几个月一直在担心你,怕你想不开。"

"你每一次看望别人都要和那个人打一架吗?"帕特里克头也不回地说道。

"我只是想测试一下你休假的这几个月身手有没有退步吗。"那个人扁着嘴说道。

"哦，那太对不起了，我让你失望了，你仍然是我的手下败将。"帕特里克依旧是冷嘲热讽的口气。

听到帕特里克这样说，那个人连忙走到帕特里克的身边，"别这样吗，我们是搭档，一起出生入死那么多次，你还是对我这么冷淡，我真伤心。"原来，来的人不是别人，正是之前和帕特里克一起执行任务的阿克曼·希尔。"虽然你对我这么冷淡，但是我还是像以前一样那么关心你，我这次来还给你带了份大礼"，说着，阿克曼·希尔将一张报纸递给帕特里克，并信心十足地说："看了这个，保证你的心情立刻就变得好起来。"

不过，帕特里克却没有接过阿克曼·希尔的报纸，继续在浇花，他冷淡地说道，"我现在没有空看报纸，你念给我听吧。"

"好，那我就念了，'童话般美好的幸福婚礼，汉斯家与克里斯家完美联姻'。昨日……"，阿克曼·希尔还想继续念下去，却被帕特里克一把将报纸抢走，帕特里克认真地看起这张报纸，日期是今天出版的，在头版头条报道了格拉芙与克里斯结婚的消息，上面还附了一张婚礼的照片，新郎和新娘幸福地站在一起，他看到格拉芙穿着婚纱，脸上依旧是平和温暖的笑容，看到这个消息，这几个月来他惴惴不安的心，终于可以放下了。

过了一会儿，他放下报纸，一脸严肃地问道："你跋山涉水地来找我，应该不止是为了让我看这张报纸这么简单吧？"

"几个月不见，你还是像以前这么聪明呀。"阿克曼·希尔笑着说道，当他感受到帕特里克不耐烦的眼神的时候，马上收起了戏谑的表情，正色道："我来是为了通知你，上级命令你即刻启程，指挥一支突击小分队，对纳粹海军开展袭扰活动。"

"好的"，帕特里克拿起喷壶，浇完了剩下的花。之后，他放下喷壶，一脸轻松地对阿克曼·希尔说："我们走吧。"对于帕特里克情绪上的这种转变，阿克曼·希尔有些不适应，明明自己刚见到他的时候，他还一副愁眉苦脸的样子呢，没想到在这么短的时间之内，他就变得好像没有任何烦恼一样轻松，他控制自己情绪的能力真是令人佩服呀。阿克曼·希尔一边这样想着，一边带帕特里克去坐船了。

　　两个人乘船来到了当时由德国人占领的海域附近，阿克曼·希尔吹了声口哨，便陆续从旁边出现了八艘鱼雷快艇。阿克曼·希尔告诉帕特里克，以后他就要利用这八艘快艇对纳粹海军开展袭扰活动，帕特里克点了点头，开始打量起在他对面的八艘快艇。阿克曼·希尔对站在快艇上的人，庄严地宣布道："这位是帕特里克长官，以后你们的行动，都要听从他的指挥。"

　　"是，阿克曼·希尔长官。"站在快艇上的人齐声回答道。

　　"我还有些事情要办，我们就在这里分别吧"，说着，阿克曼·希尔将船开到了其中一艘快艇的前面，他深情地拥抱了帕特里克，"你一定要保重啊，帕特里克。"经过了多次共同出生入死的考验，阿克曼·希尔早已经把帕特里克当作一个知己来看待，虽然帕特里克常常对他的态度不冷不热的，但是他的心里很清楚，帕特里克也一直把他当成生死之交对待的，只不过帕特里克不愿意表达而已。一想到这一次分别，不知道多久才能再见到帕特里克，阿克曼·希尔的心中，有些不舍。

　　"我会的，你也要保重。"帕特里克轻轻地拍了拍阿克曼·希尔的肩膀，之后上了对面的快艇，潇洒地冲阿克曼·希尔挥手告别。阿克曼·希尔抑制了一下自己悲伤的情绪，开船离开了。

　　目送阿克曼·希尔离去之后，帕特里克和开快艇的人互相认识了一下。为了方便日后指挥方便，帕特里克将八艘快艇进行了编号，帕特里克告诉开快艇的人,以后执行任务的时候,他会直接呼叫编号,被喊到的人只要按照他的指示去做就可以了,他会尽可能想出一些比较好的方案来确保大家的安全。毕竟他们的快艇数量很少,首先要保证这些快艇的安全,才能让这些快艇持续地作战,去袭扰纳粹海军。

帕特里克选择了一片易守难攻,地形复杂的海域作为作战区域,他先带领快艇队员们熟悉了这片的海域的地形,摸清了哪里暗礁险滩比较多。接着,帕特里克制定了一套作战方案,那就是先让四艘鱼雷快艇出现在德国海军控制的海域,等德国海军的舰队出来迎战的时候,这四艘鱼雷快艇就沿着四个不同的方向前进,分散德国舰队的注意力,尽量引领那些德国舰队在海上到处乱行驶,不过要切记保证好自身的安全。如果有德国舰队对快艇穷追不舍的话,就将那些甩不掉的德国舰队引到暗礁险滩比较多的地方脱身。

剩下四艘鱼雷快艇分成两组,分别隐藏在附近的海域两侧,这四艘鱼雷快艇上的船员们要密切留意海上的状况,同时要用时刻和那四艘出去袭扰德国舰队的鱼雷快艇上的船员们保持联系。一旦有哪一艘被德国舰队追踪的鱼雷快艇发生险情的话,就由离它最近的一组鱼雷快艇迅速地赶去帮忙。

之所以把剩下的四艘鱼雷快艇分成两组,帕特里克也是出于安全的考虑,一方面四艘鱼雷快艇在一起目标过大,很容易被敌人发现,另外一方面,两组鱼雷快艇分别在不同的地方防守,一旦有一组鱼雷快艇遭到攻击的话,另一组可以很快撤退,保留实力,而不至于全部被敌人消灭。

为了使船员们更加了解这次任务,帕特里克嘱咐那些船员们说,这次出海去袭扰德国舰队的工作是一项十分具有危险性的工作,它要求你们要胆大心细,精神高度集中,时刻保持头脑的冷静,还要学会随机应变。因为这次的行动,要时刻掌握好与德国舰队之间的距离,既不能太近,也不能太远。如果鱼雷快艇和德国舰队之间的距离太近,鱼雷快艇很容易被德国舰队攻击到,由于德国舰队的实力很强,鱼雷快艇和德国舰队之间的实力相差悬殊,一旦发生这种情况,鱼雷快艇很容易被德国舰队击沉。所以一定要让鱼雷快艇在行驶的过程中和德国舰队保持一定的距离。如果鱼雷快艇和德国舰队之间的距离较远,德国舰队很容易在跟踪不到鱼雷快艇之后就放弃,回到之前所处的由德国海军控制的海域之内了,这样就无法起到牵制德国人的大量兵力的作用了,也就无法达到这次任务的目的。所以如何教导那些船员们掌握好鱼雷快艇与德国舰队之间的距离,是帕特里克工作的重中之重。

在进行任务之前,帕特里克对船员们进行了训练,训练他们的观察能力、追踪能力和作战能力。经过几天的训练之后,船员们已经能初步达到帕特里克的要求了。帕特里克就决定进行一次军事演习,测试一下他们在实践中的能力。他让四艘鱼雷快艇扮演德国舰队的角色,两艘鱼雷快艇执行袭扰任务,另外两艘做掩护。虽然船员们都知道这只是一次演习,但是他们依然一丝不苟地完成了这次演习。

演习结束之后,帕特里克十分开心,因为他发现这些船员们在这次演习中表现得非常出色,船员们已经具备能够胜任这次任务的能力了。他高度赞扬了船员们在这次演习中的精彩表现,之后又说了一番鼓舞人心的话,最后他宣布,第二天就对德国军舰进行正式的袭扰活动。

当天晚上,帕特里克觉得自己有些失眠了,在他的心中,既有对明天船员们执行任务的担心,又有对明天船员们顺利完成任务的期待。经过了几个月的休假之后,他全身心地将自己的热情和精力投入到了这次任务中来,明天就是检验成果的时候了,所以他的心中难免有些忐忑。

更为重要的是,这次行动的成功与否,不仅和他个人有关,而且还和这几天一直接受着他训练的同僚有关,他心里很清楚,这次的行动凶险异常,稍有不慎,就会死在德国人的猛烈炮火之下,这些同僚们都是年轻而又勇敢的爱国战士,有些只有十几岁,他不希望他训练的这几个同僚中的任何一个发生意外。

其实,这些日子以来,他一直在心中默默担忧着他们的安全。但是,他又不能把这种担忧表现出来,害怕因此会影响船员们的士气,因此他的神经,到了此时此刻,已经达到了非常紧绷的程度。带着这种复杂的心情,帕特里克激动的一夜没合眼,直到天蒙蒙亮的时候,他才感到有些困意,慢慢地闭上了眼睛。

当海上日出的光芒照射到帕特里克的身上的时候,他醒了过来。虽然只睡了两个小时,但是他强迫自己精神抖擞地出现在他的同僚面前。洗漱过后,他召集了所有的同僚,"今天是我们第一次行动,我希望大家不要紧张,只要遵循我们之前的计划行事就可以了,最后预祝大家平安返航。"说完,同僚们报以热烈的掌声,他最后仔细扫视了一遍蓄势待发的同僚们,发现他们都踌躇满志地坚守在各自的岗位上,用期盼的目光看着他,于是,他庄严地说道:"出发吧,我的勇士们!"

听到帕特里克的命令之后,四艘鱼雷快艇飞快地冲向了由德国海军控制的海域,剩下的四艘两两一组,开到了事先计划好的隐蔽的位置藏起来,他在其中的一艘快艇上,把握全局。由于之前帕特里克和他的同僚们做了充足的准备,所以这次行动很成功。

傍晚,帕特里克和他的同僚们一起庆祝这一次成功的行动。晚饭过后,帕特里克由衷地说道,"今天这次行动能够成功地进行,和大家之前的努力训练和演习是分不开的。希望大家以后能够再接再厉,延续今天的辉煌。"

"好。"那些船员齐声答道,之后,船员中年龄最大的汉弗瑞对其他的船员说:"我们这次行动能够成功地进行,和帕特里克长官的英明领导是分不开的,让我们一起说一声,谢谢帕特里克长官,一二三……"

"谢谢帕特里克长官。"船员们响亮地喊道。

听到同僚们的齐声感谢,帕特里克的眼睛有些湿润了,他感动于这些同僚们为了祖国和人民,愿意在这里冒着这么大风险来做这件事,而且那么信任他,他动情地说道:"我也要感谢大家对我工作的支持,你们的英勇行为让我佩服!"

二战
浪漫曲

就这样,在帕特里克的英明指挥和他的同僚们的通力合作之下,他们一直坚持对德国海军进行袭扰活动。他们通过这种方式,有效牵制了德国人的大量兵力。经过这么多天的共同浴血奋战,帕特里克和这些同僚们的感情也变得越来越深厚。不过,离别的脚步也悄悄地走近了帕特里克和他的同僚们。这一天,帕特里克像往常一样指挥着他的同僚们袭扰德国海军的活动,却发现有一条船缓缓地向他的鱼雷快艇驶了过来。虽然不知道来的船是敌是友,但是防患于未然总是很有必要的,他立刻告诉快艇上的同僚们,把武器准备好,时刻准备和敌人进行战斗。他的同僚们立刻将枪口对准了驶来的船只。一时间,气氛变得紧张起来。

那条船越来越近,同僚们已经扣动了扳机,准备开火,就在这个关键的时刻,帕特里克发现对面的船上走出了一个熟悉的身影,"别开枪啊,我的老搭档!才几个月不见,你就认不出我来了吗?"

这个声音,帕特里克再熟悉不过了,没错,就是他的老搭档,阿克曼·希尔。帕特里克连忙让船上的同僚们都放下武器,自己也走出了船舱。刚好阿克曼·希尔的船也开到了附近,阿克曼·希尔纵身一跃,跳到了帕特里克的快艇上。"好久不见,你还好吗,帕特里克?"说着,阿克曼·希尔给了帕特里克一个热情的拥抱。

"还不错,你呢?"帕特里克笑着问道。

"我也挺好的,我刚帮上级忙完一个事情就风尘仆仆地赶过来接你了。"阿克曼·希尔高兴地说道。

"接我,为什么?"帕特里克觉得很疑惑。

"上级对你最近的表现很满意,因此给你安排了另外的任务,我今天来就是为了接你走的。"说着,阿克曼·希尔凑到帕特里克的耳边,小声地说道,"上级把你派到第12特种潜艇部队,继续工作。"

"哦。"帕特里克点了点头,"那谁来接替我的工作呢?"

"这个嘛……"

阿克曼·希尔故作神秘地眨了眨眼睛,"自然是由我这个老搭档来接替你的工作了,你向我交代清楚这里的情况之后,就可以乘坐我来时乘坐的那条船离开了。"

听了阿克曼·希尔的话,帕特里克便向阿克曼·希尔介绍了他们之前的作战方针和注意事项。向阿克曼·希尔交代清楚工作情况之后,他和船员们依依惜别,之后就坐船离开了。

当船缓缓地驶过在这几个月中,帕特里克奋斗过的地方的时候,帕特里克的心中,有些感慨。毕竟他和那些同僚们一起在这里浴血奋战,通力合作了几个月,也取得了很好的成果,现在突然接到命令离开,与这些共事了几个月的同僚们分别,他的心中,多少有些不舍。

不过,帕特里克转念又一想,既然上级命令他到特种潜艇部队工作,说明那里更需要他。他应该把这些离愁别绪放在一边,开始投入到接下来的工作中去,因为不管在哪个岗位上工作,他都是为了祖国和人民能够尽早地从法西斯的铁蹄之下解脱出来。他望着天空中那轮火红的太阳,心中升起了对未来的无限期望。

在第12特种潜艇部队,帕特里克度过了一年的时光。在这一年中,帕特里克在军事方面的才华得到了施展。命运是偏爱帕特里克的,不管他走到哪里,他的能力总是会被上级赏识,在第12潜艇部队也不例外。这里的上级十分看好他,认为他将来必定是一个国家的栋梁之才。经过一段时间的学习,帕特里克熟练地掌握了驾驶微型潜艇的技巧,并且接受了跳伞训练。这两项技能为帕特里克以后的谍海生涯有很大的益处,有好几次,帕特里克都是凭借着这两项技能才能最终死里逃生。

1945年,全世界为之欢呼的一年——第二次世界大战结束了。

秋风萧瑟,帕特里克手扶着栏杆,抬头仰望,一片湛蓝的天空,像是清水洗涤过一般,甚至有些纯净剔透,偶尔天边有那么几抹薄如蝉翼的浮云,随风摆弄着它那变换的身形,如同古老的中国蚕丝品在微风中滑动一般,只有那么薄薄的一层,却又那么引人入胜。耀眼的晴日,在今天似乎也挂得高高,人们的视线,不知不觉地就凝视在那天空的最高、最深、最远处,仿佛那里有无尽的玄妙在等待着那一双双深情注视的双眼。

不知道从哪里钻出来的叶子,和风儿飞舞的时候"啪——"地打在了帕特里克的手背上,帕特里克的眼神一下子动了起来,像是在掩饰着什么,又像是在寻找着什么。看了看海边,在高阳的照耀下,海面波光粼粼,像是在海底下潜藏着一个太阳一样,那些光不像是反射而来,更像是从水底放出。

蔚蓝的大海,看不见风起云涌,听不到怒吼狂号,平静的只能听见小小的海浪相互追赶的声音,夹杂着偶尔几只海鸟的鸣唱。帕特里克优雅的转过身来,将双肘挂在栏杆上,两腿微微向前,左小腿轻轻地搭在右小腿上,崭亮的皮鞋在阳光下格外晃眼。如果不是他穿着笔挺的西装,人们更愿意从他那微笑的嘴角和迷人的眼神里寻找到阳光的健硕的牛仔的味道。

他多么想飞奔到奥斯陆的索菲亚的身旁去啊,可是不行,军令如山,保家卫国首当先,他要再赴战场。然而现在战争终于结束了,他要回到索菲亚的身边,实现他的诺言。

"咚——咚——咚——"一大清早的敲门声,惊醒了房间里还在睡梦中的人,门被打开了。一个邮差正站在门口,"请问您是索菲亚小姐吗?"邮差见开门的是位女士,便开口问道。"是。"

"这是您的邮件,请签收。"

"好的!"索菲亚接过邮包,签字验收后就在门口将包裹打开,因为已经许久许久没有收到过邮件了,当包装纸褪去,纸盒打开,见里面有一个玫瑰红色的纸袋,索菲亚将纸盒夹在腋下,拿起纸袋,软绵绵的,不禁双手去拆袋,天啊,这是……

是的,这是她的一只乳白色的手套,她永远都不会忘记,因为另一只就日日夜夜的躺在她的床柜上。激动的索菲亚难以抑制泪水,哗哗流下。

木然的索菲亚不知道这代表心上人要给她什么消息,因为战争深爱的两人不得已分离,正在这时,一股迷人的花香充斥着清早的空气,索菲亚依旧在低头看着那只手套,这时一束娇艳的玫瑰花凑到了索菲亚的面前,一张卡片上赫然写着"嫁给我!爱你的帕特里克"。

泪人似的索菲亚这才抬起头来,她的爱人帕特里克正在面前,她哭的更凶了,但也更幸福了!

战争结束了,留给我们太多的思考。他的呼吸在 2003 年 10 月 14 日悄然停止,但他的生命伴随着悠悠历史长河,将永不停息。

帕特里克·达尔泽尔·乔布,他受到了命运的垂青,给予了他健康的体魄,长久的生命,幸福的婚姻与生活。他完成了士兵的使命,他精湛的专业技能,出色地完成了任务,视人民生命高于一切。

他是大自然之子,他可以在雪山上飞鸟般滑行,也可以在陆地上变色龙一样随机应变执行潜伏任务,更可以在海洋里如鱼儿般徜徉自如。世界虽大,但没有帕特里克去不了的地方;世界虽险,但没有帕特里克完不成的任务。他武艺高强,智勇双全,可以以一敌百;他枪法精准,身手敏捷,可百步穿杨;他感情专一,弱水三千,只取一瓢饮。这就是一个传奇人的传奇而又不平淡的一生。

武尔夫·施密特

他曾是第二次世界大战期间纳粹德国的间谍，后因人出卖在英国被俘，经过了内心痛苦的挣扎后决定服务于英国，他就是——武尔夫·施密特。武尔夫从小就受邻居和家人的喜爱，一双碧蓝的眼睛，白皙的肌肤，这些特征结合了父母的优点，是典型的混血儿，而且生性好动，活泼顽皮，还喜欢恶作剧。三岁时武尔夫和父母一同回德国居住，在那里他度过了幸福的童年，在他十岁的时候又被母亲带到丹麦生活。经过几次和父母一起旅行，武尔夫很小就对各国风土人情有了相当的认识和了解，不仅他的英语比其他同龄人说的要好一些，对事物的认识也很有自己的想法。

　　上大学期间，希特勒《我的奋斗》一书和瓦格纳的歌剧对他都产生了很深的影响。武尔夫开始追随纳粹主义，并参加一些相关的活动。渐渐长大成熟的武尔夫又多了幽默、睿智、勇敢的个性，年轻气盛的他狂热地加入了纳粹党。由于武尔夫才智超群、机智过人，上大学没有多久便被德国情报组织人员看重，他们设计一系列的圈套将武尔夫等很多优秀学生招揽到德国情报组织里。

　　在异常严格、非常人能想象的特工训练中，很多被选拔的人因承受不住非人的训练强度，在中途就被悲惨地折磨至死，或者索性被组织遗弃，而忍辱负重、下定决心坚持下去的武尔夫却自始至终用超强的能力和胆识走完了训练的全过程。

　　训练的最后一项，就是要求朝训练期间的伙伴开枪。枪声穿透了远方的山峰,这不是第一次残忍,但是这比任何一次死亡更具有杀伤力。曾经的他们都是从陌生开始,从此一起训练、一起学习、一起经历所有的苦难。他们从陌生变成兄弟姐妹,如果开始就面对这样的选择,他们也许不会像今天这样如此绝望。

看着自己的战友在鲜血中倒下,枪从另一个人的手中滑落,然后泪如雨下,这等于是另一种自杀。武尔夫端着枪悬在半空中,他的搭档,那个女孩却把枪轻轻地放下,告诉他:"这个世界上我已没有牵挂,另一个世界还有我的亲人,开枪吧。"所有的目光都在看着他们。

"开枪。"教官又一次下达命令。就在这时,武尔夫以极快的速度将枪口对准教官。这一举动让所有人都震惊了,没有人敢对教官做出这种举动。武尔夫以迅雷不及掩耳之势用一只手卡住了教官的脖子,另一只手用枪对准他的头颅,带着他走向靠近门的地方。

"我调查过你的资料,你曾经出卖过情报给英国情报局,我这里有证据,你今天必须与我合作。"武尔夫镇静地小声说道。

"哈哈,你还真是个合格的间谍,不过我也是一个合格的军人。"教官也异常镇静。

武尔夫迅速从衣服口袋里拿出一个胶卷,脸上带着一丝神秘的笑容,"这就是证据。"

那个教官一看这个胶卷大惊失色,连声说道:"行行行,我和你合作。"随后转身宣布训练结束。他并没有想到武尔夫真的会有证据,如果他真的把这个情报泄露出去,那自己的前途也就毁了,甚至还会丢掉自己的性命。

原来武尔夫每个晚上在散步时观察着某些人的动向,尤其是这些教官。武尔夫经常在晚上大家都进入梦乡以后潜入他们的办公室,打开那些机密文件,详细阅读,他相信有一天一定会用到这些。

一个晚上，当武尔夫来到了城堡里一个极其隐秘的地方时，听见一间密室里有人说话，他便把门打开一条缝。里面人的对话引起了武尔夫的强烈兴趣。他们好像是搜集到了什么德国的绝密情报。通过对话武尔夫猜测其中一个人就是教官安联斯尔迪。

不久后武尔夫潜入安联斯尔迪的办公室，把藏在墙体里的一个胶卷偷了出来。武尔夫就是用这个胶卷与安联斯尔迪进行交易，救了那个女孩。

安联斯尔迪在这次惊心动魄的训练结束之后，做了一次总结性讲话，而武尔夫还成了受表扬的对象，说他是唯一一个既能让同伴活下来又能让自己完成任务的优秀间谍。安联斯尔迪这么说除了表扬之外还另有隐情，因为他的确是一个英国间谍，武尔夫优异的成绩和出色的表现令很多人敬佩不已，连后来作了武尔夫上司的阿布威也对他刮目相看。

武尔夫如愿以偿的救出了那个女孩。他以为那个女孩会带着一种感恩的心重新回到正常轨道，可是他不知道原来他也是被利用了。因为那个女孩也是个英国间谍，而且有些剧情是他们刻意安排好的插曲。

好像突然之间所有的游戏都结束了，武尔夫第一次有一种如释重负的轻松与愉悦。走在新天鹅堡的林荫路上，武尔夫开始憧憬着未来的旅程。突然他感觉到背部阵痛，好像是一个带着锯齿的什么东西进入到自己的体内，剧痛无比，然而一点儿前兆都没有。武尔夫用手寻找着痛处，手却被一种带着有点黏稠的液体浸湿了，是血。还没等他逃跑，身后出现的两个人已经把他的眼睛蒙住，顺带也堵住了武尔夫的嘴。开始武尔夫竭力反抗，但是伤口愈加疼痛，他感觉一点儿力气都没有了。

当武尔夫睁开眼睛的时候他已经被带到一个类似于地下室的昏暗的房间。里面几乎没有光线，只有一个小小的高不可及的窗口，一扇坚固的用铁条焊成的门死死地关闭着。武尔夫坐在一张椅子上，双手和脚都被绑着。

这时门开了走进来一个人，武尔夫定神一看，然后又不相信的摇摇头，仔细打量着这个人，原来是那个叫维斯馨的女孩。后面还跟着一个人，是教官安联斯尔迪。

这一对组合的出现让武尔夫摸不着头脑，武尔夫头脑中快速地旋转，却怎么也看不出他们会有丝毫的牵连。几分钟的时间，武尔夫与他们对视着彼此无言。因为不仅是有太多的疑点和悬念，还有那一份不忍割舍的眷恋。

虽然武尔夫看到过太多的背叛也能接受和承担各种风险，可是今天他的心还是有些微微的阵痛，比伤口还要疼痛。这一幕是他不愿意看到的，也是他不忍心看到的，甚至有点儿不相信自己的眼睛。原来是在自己最脆弱的时候给自己精神和力量的女孩，曾经为了自己可以放弃生命的女孩，也还是那一副充满阳光和温柔的面庞，武尔夫依然沉默着。

而英国间谍安联斯尔迪的目的很明确，就是监视德国间谍组织的详细情况，以及每次招募对象的具体名单和真实背景，还有这些间谍以后的去向。以便英国情报组织安排间谍人员去继续跟踪调查。而这次所有的计划都被武尔夫给破坏了，因为他猜测到安联斯尔迪是一名英国间谍。其实维斯馨知道即使武尔夫不出现，他们这次行动成功的几率也非常小。因为安联斯尔迪是一个爱出风头、做事高调、脾气倔强的人。在充满竞争和阴谋的情报组织里，稍微不留神就会露出破绽。

几个月以前德国情报组织的卡勒和纳迪尔就已经开始调查安联斯尔迪了，他们已经掌握了安联斯尔迪出卖情报给英国情报局的事实，还截获了一个胶卷作为证据。而维斯馨是故意扮演成新的招募对象来监视间谍集中训练营里的所有人员，这个任务是德国情报组织安排的，同时也是英国情报组织所希望的。

维斯馨把安联斯尔迪可能已经暴露的情况向上级进行汇报,并且提出要求把安联斯尔迪调回英国。而维斯馨得到的最新指令是最关键时刻可以牺牲掉安联斯尔迪。维斯馨之所以抓到武尔夫,是想让武尔夫与自己合作,帮助她把落在卡勒和纳迪尔手中胶卷偷回来,以掩护她自己在德国的身份。而安联斯尔迪只想着要报仇除掉武尔夫,来发泄自己的怨恨。趁着维斯馨不在地下室,安联斯尔迪举起了无声手枪,枪口对准了武尔夫,"这次谁也救不了你了,你就等着死吧。"

武尔夫无力地挣扎着。正在这时,那个大铁门一下子被撞开了,进来的人正是维斯馨。安联斯尔迪见状不知所措,嘴张着却没说出话来。维斯馨掏出手枪对着安联斯尔迪的头部就是一枪,安联斯尔迪当场毙命。

夜色渐浓,在茫茫的浓雾中,这座神秘的城堡若隐若现,寂静如常。只有这个地下室里还充满着血腥与杀戮,似乎破坏了这特有的沉静。维斯馨和武尔夫开始了一场交易。虽然武尔夫还没有完全从这一连串的事件中走出来,但与维斯馨合作成了现在唯一的选择。

武尔夫和维斯馨正在说话的时候,卡勒和纳迪尔的手下听到枪声赶了过来,打探发生了什么事。武尔夫有一项特殊的功能,就是耳朵特别灵敏,只要外面有轻微的动静,他都能察觉得到。他用手势暗示维斯馨,紧接着他们的谈话内容开始完全变换了方向,他们的对话让外面的人以为安联斯尔迪是英国间谍,武尔夫和维斯馨是为了维护国家利益而枪毙了他。武尔夫和维斯馨的即兴合作非常成功,不仅避免了一场不必要的灾难,也让武尔夫得到了卡勒和纳迪尔的信任,而维斯馨也没有暴露身份。

武尔夫得到了上级的嘉奖。武尔夫不是企图叛国才故意掩藏维斯馨的身份,而是为了一份不属于爱情亦不属于亲情的一种世间特殊的情感。不论是出于什么原因武尔夫都不忍心拆穿维斯馨,但是他也绝对不会与维斯

二战浪漫曲

馨合作的,不久后维斯馨被调走,他们的关系也走到了尽头。

　　带着几分自信与获得重生的武尔夫来到了柏林,他相信走过黑暗,黎明已经不远,他在内心深处还有一份祝愿,那就是对维斯馨的祝愿,他希望有一天当他们再次重逢在一个温馨而有阳光的午后,那时候他们都不属于任何一个机构,也不再为任何人服务。而武尔夫还不知道,那一天永远不会到来了。

　　下午三点整,武尔夫来到库达姆大街的一家克拉斯咖啡馆。从外面看这是一个歌德式建筑风格的房子,圆形拱门、大窗户及绘有图画的花窗玻璃,室内主要凸显温馨的场景以及建筑体相结合后的柔和感,在设计的细微处,古典的浪漫气息也辉映着整个建筑体系,结合镶着彩色玻璃的长窗让武尔夫觉得如果不是来执行任务这里真是个休闲娱乐的好地方。

　　走进咖啡馆内武尔夫的眼神立即敏锐起来,很自然的往里面走,顺其自然的寻找着自己的目标。

　　在靠彩色玻璃长窗旁边坐着一个身穿浅蓝色套裙的中年妇女,看见武尔夫后好像很熟悉对方似的打起了招呼。在外人看来就是两个很久不见的朋友,其实他们的客套话是在对暗语。

　　女人从包里拿出一个信封,"这里是明天下午三点黄卡迪大剧院的电影票三张,您收好。"武尔夫打开信封把电影票拿出看了一下,的确是三张电影票,只是里面夹着一张照片。武尔夫回到家里把照片拿出来看了又看,他知道这就是上级给自己第一个任务:"暗杀照片上的人。"

　　照片是由两部分组成,一张纸还有一层塑料薄膜,武尔夫又把照片撕开,里面是密密麻麻的密码。这次的目标是海尔库拉,武尔夫需要用两天的时间调查这个人所有的背景资料。但是要找到更多的真实材料以及最近这个人的所有行程必须要找个线人。

午夜时分,武尔夫戴着一顶黑色的帽子,穿着一件风衣出门,与代号为"桑尔"的女间谍一起来到海尔库拉的家门口,等待着一个人的出现,这个人就是海尔库拉家中的厨师希尔斯林特。

　　据武尔夫调查,希尔斯林特很贪财,也很好色,而且最近因为赌博输光了家中所有的财产,还欠了很多的外债,所以他正致力于寻找一个可以让他迅速发家致富的路。

　　武尔夫和"桑尔"等了两个小时,希尔斯林特还没有出现,正常来说这个时间是希尔斯林特下班回家的时间。武尔夫正在想着会不会出现了什么意外时希尔斯林特从海尔库拉家里出来了。武尔夫和"桑尔"在背后紧紧地跟着。让他们感到意外的是希尔斯林特没有回家而是在路途中间进了一家酒吧。

　　武尔夫立即决定让"桑尔"去化妆,虽然时间很紧,但是短时间内希尔斯林特是不会离开的。这是一个繁华地带,所以有很多家美容院,"桑尔"很快就回来了。武尔夫让"桑尔"也去酒吧喝酒,然后故意接近希尔斯林特。

　　希尔斯林特举着酒杯自斟自饮,看见"桑尔"拿着酒杯走过来,两眼放着金光。"桑尔"穿着露背装,浓妆艳抹后在灯光的衬托下又多了几分妩媚,白皙的皮肤下搭配着黑色的连衣裙,扭动着性感的身材走向希尔斯林特。本来在酒精的麻醉下就有点儿神志不清的希尔斯林特这时更加抑制不住美女的诱惑,很快他们进入了酒吧里的一个房间,已经被债务压抑很久的希尔斯林特根本不会想到这是个骗局。

　　很快武尔夫就从外面冲进来,拿着枪对准希尔斯林特。他声称"桑尔"是他的妻子,而希尔斯林特企图强暴她,如果希尔斯林特不答应自己的条件,他就一枪打死他。希尔斯林特吓得跪地求饶。武尔夫开始和他谈判,让他潜入海尔库拉的书房,偷一本黑色外皮的小本子,然后在做饭的时候在海尔库拉的饭菜里加入毒药。交换条件是给希尔斯林特一笔巨大的财富，并且在事成之后帮助他离开德国。希尔斯林特欣然同意了武尔夫的建议，因为他现在的确急需一笔数目不小的钱来解决自己的经济危机。

他们相约两天以后在这里见面，一手交钱一手交货。

希尔斯林特已经在海尔库拉家里做事两年了，如果要不是特殊情况他是不会轻易出卖自己的主人的，海尔库拉也很信任他。

往往出卖你的人会是你最熟悉的人。希尔斯林特对海尔库拉的生活规律以及家庭环境了如指掌，偷点东西对于他来说是一件很容易的事情。第二天，希尔斯林特在海尔库拉及其家人外出的时候，偷偷进入了书房，把书房的门反锁起来，然后他就像在自己的家里寻找一件物品那样不紧不慢，因为他知道海尔库拉今天有一个特别重要的会议，一定不会回来，而且，他连万一海尔库拉的家人回来或者突然进来时他的说辞都想好了，几乎是有十足的把握。

希尔斯林特几乎把所有的抽屉都翻了一遍，还把墙上壁画都摘下来看了一遍，可是仍然没有收获。原本很有把握的希尔斯林特不解地坐在了椅子上，顺手拿起书桌上的相框仔细端详。就在这时，他的手触摸到一个与众不同的东西，相框下居然有一个按钮。

像在茫茫的大海中找到一根救命稻草一样，希尔斯林特的脑海里瞬间充满了希望。他用手小心翼翼地转动那个按钮，然后就听见书桌左下角的地板开始一点点儿移动，他的眼神死死地盯住那块地板，心中充满了期待。

这时，外面响起了嘈杂的脚步声，然后有人激烈地撞击书房的门，紧接着就是一声枪响，门锁被打穿，几个人冲了进来。海尔库拉最后一个从门外走进来，看着面前这个自己曾经十分信赖的厨师，他咬牙切齿地咆哮着："你为什么要背叛我？"

希尔斯林特目光呆滞，吓得面无表情，本来有十足把握的他不得不接受这个现实，他立即跪下，嘴里还不停求饶："我一时糊涂，请您饶了我吧。"没有人再听他解释什么，他被几个人拉出去了，一颗子弹结束了他的生命。

两天很快就过去了，武尔夫来到那个酒吧，但是直到晚上他也没有等到希尔斯林特。武尔夫很快觉察到出现了问题，知道这个秘密的人只有他自己和"桑尔"，难道是"桑尔"出卖了这次行动？想到这里，武尔夫急忙起身离开这里。果然，在他走后有很多特工模样的人冲进来在酒吧里里外外搜查了一遍。

现在武尔夫没有时间去查清楚"桑尔"到底是不是叛徒，他必须尽快完成任务，于是便决定单独行动。

前一天晚上武尔夫收到一个可靠的情报，明天海尔库拉要参加一个秘密组织高级会议，会议地点在斯林尔坦大厦 508。武尔夫没有直接回到原来的住所，因为如果出现叛徒那里将不再是安全的地方了。武尔夫来到了他的上级凯恩狄克的家中，把情况向他进行了汇报，申请重新调派两个人员与自己进行合作，最好是一男一女。凯恩狄克早就听说了武尔夫在间谍集中训练营的表现，因此对他十分信任。

这样维纳克拉与朗克成了武尔夫新的合作伙伴。武尔夫计划与维纳克拉到斯林尔坦大厦附近的园林广场上，装作是一对恩爱的情侣，互相拍照。武尔夫很清醒地认识到如果这次行动再次失败，那么成功的机会就很小了，所以他让朗克去跟踪"桑尔"，监视她的一举一动。

他们拍摄的对象主要是以人物为前景斯林尔坦大厦为背景，但是所有的照片前景人物都是假象，他们主要拍摄的是斯林尔坦大厦 5 楼窗户的具体位置和方向。拍摄完照片他们很快赶回住所冲洗照片，武尔夫仔细观察照片中窗户的位置，发现斯林尔坦大厦 5 楼站着一个人，虽然不是很清楚，但是从轮廓上看应该是"桑尔"。武尔夫更加确定是"桑尔"出卖了他，很可能"桑尔"是犹太组织安插到德国情报组织里的特工。

正在这时朗克也回来了，他向武尔夫汇报了"桑尔"一天的行程。在同样的时间"桑尔"怎么可能出现在两个不同的地方。虽然武尔夫心中产生了很多疑惑，但是他并没有说出来。他把可能出现的几种情况进行简单的分析汇总，第一种可能是朗克在说谎，第二种可能朗克与"桑尔"是同谋，第三种可能是有两个长相完全相同的人。

武尔夫拍摄照片的目的是为了寻找最佳的狙击位置，经过仔细的分析，他最后把狙击位置定在斯林尔坦大厦对面的9楼。位置确定后武尔夫又开始做一些周密的准备，暗暗告诉自己这次一定要成功。

秘密组织高级会议第二天10点正式开始，武尔夫打算在9点半之前做好一切准备。不过这次射击难度确实很大，因为射程比较远，如果用正常的子弹即使打中对方，也不一定会威胁到性命。但是要想连续打中两枪几乎是不可能的事。晚上武尔夫同样没有回住所，而是去了柏林郊区附近的一家水泥工厂附近。

为了防止有人告密，晚上出行时武尔夫没有告诉任何人。他独自来到这家工厂附近的一间简陋的没人居住的居民房。他点上蜡烛，把白天准备的材料都拿了出来，一包铜粉、燃烧溶剂、铁铝合金，铜可以提高封闭性和弹头的稳定性，在原有子弹的基础上又增加了子弹的重量。这样如果在击中对方的基础上一定会让目标当场毙命。

伴着星空的沉默，武尔夫慢慢进入了梦乡，但他只睡了几个小时就醒来了，思考着行动计划，以及谁是组织的叛徒。

太阳在沉睡了一个晚上之后开始慢慢升起，阳光照进了武尔夫的房间，暖洋洋的。武尔夫睁开睡意迷蒙的眼睛，以最快的速度，整理好需要带的所有物品。然后他对着自己重新制作的子弹微微一笑,心里对这个成果满意极了。

到了柏林以后,武尔夫经常在晚间行走于大街小巷,熟悉所有重要路线,所以他很快就到达狙击的位置,此时正是 9 点 30 分,开会的人员陆陆续续走进斯林尔坦大厦,由于人员很多,武尔夫必须集中精力,注意每一个进入的人。

很快海尔库拉出现在斯林尔坦大厦门口,后面跟着两名保卫人员,都配着手枪。他们的一举一动都被对面的武尔夫看在眼里,但是武尔夫没有匆忙动手,等所有参会人员开始进入会场就坐以后,武尔夫才开始瞄准目标。

508 是一个大概可以容纳 30 人的小会议室,这样对于武尔夫的狙击行动特别有利。海尔库拉位于东南角的窗户旁边,不过由于与另一个人距离很近,而且他身体的一半被墙挡住。面对这样的情况,武尔夫认识到要击中目标就必须连续发两颗子弹,虽然难度更大。

手握住枪有一段时间了,武尔夫进入了射击状态。他稳稳地握着枪托,准备射击。武尔夫在心里默默地倒计时,"嗖嗖",在第一发子弹还没有达到目标之前另一发子弹已经出膛。

武尔夫拿着望远镜,看到会议室内与会者四散奔逃。两发子弹应该分别打中了海尔库拉的肩部和右手臂,如果及时治疗不会危及生命。武尔夫攥紧拳头自言自语:"可恶,这次没有当场让你送命。"

武尔夫明白根本不用去派人探听,就知道海尔库拉遭枪击受伤一定会成为明天报纸的头版新闻。果然第二天报纸就刊登了这条新闻。

武尔夫让维纳克拉去调查海尔库拉在什么医院接受治疗,包括海尔库拉的主治医生及背景资料以及病房号,必须调查清清楚楚。维纳克拉直到晚上才回来,她不但调查清楚了武尔夫交代的任务,而且还查出一条很有价值的情报。

这条重要的情报就是海尔库拉的真实背景。虽然上级指示是让武尔夫暗杀此人,但是并没有告诉他暗杀的原因,而武尔夫与其他间谍人员与众不同之处就是必须知道他要杀的这个人最完整的个人信息和背景资料。武尔夫向来是尊重生命,他对于生命的含义有不同于他人的更高一层的自我表述。

原来海尔库拉曾任慕尼黑警察局长秘书,后来担任德国保安总局副局长罗伯特·格力菲斯的秘书,在任职期间,他发现了罗伯特·格力菲斯的一个秘密,而这个秘密足以让罗伯特·格力菲斯身败名裂。原来,他在不经意间听到了罗伯特·格力菲斯电话里的谈话内容,这个谈话内容最重要的是罗伯特·格力菲斯是犹太人。

而这个暗杀计划也纯属于个人的报复行动,因为罗伯特·格力菲斯现任德国警察副总监,属于盖世太保和党卫队的高级首脑,具体组织实施法西斯恐怖统治,可以说是希特勒的左膀右臂,如果他的犹太人身份被曝光,那么后果不堪设想。然而现在海尔库拉并没有让罗伯特·格力菲斯抓到什么足以至于他死地的证据,所以罗伯特·格力菲斯要利用手中职权把这个挡在面前的障碍除掉。

武尔夫费尽周折想要知道的真相和自己所希望看到的并不一样,他现在所有的行动都是在为了一个人的利益而服务,让武尔夫充满斗志的心里有点儿小小的失落。但是他必须完成任务,他没有别的选择。

凌晨两点钟,武尔夫穿上和往常一样的风衣,戴上一顶黑色帽子出门,秘密地来到海尔库拉所住的医院。

这是一个隶属于政府的医院,外面有卫兵,没有通行证是进不去的。武尔夫今天来的目的也只是想观察一下这里的具体环境，还不能贸然行动。熟悉了环境，他回到住所，睡了几个小时之后，简单吃完了早餐就去凯恩狄克那里了。

向上司汇报完情况之后，武尔夫向凯恩狄克申请两张通行证，他知道凯恩狄克一定有办法弄到通行证。果然两天之后凯恩狄克将两张通行证递到了武尔夫的手上。

行动立即开始，维纳克拉和武尔夫在当天晚上来到了医院门口，卫兵照例将他们拦住，待他们出示了通行证后，他们才被允许进去。根据他们所调查的信息知道海尔库拉在6楼的612病房，是一间很豪华的单间病房。武尔夫和维纳克拉来到6楼612病房门口时正看到医生和护士正推着医疗车去给海尔库拉注射药液，两个人互相使了一个眼色便开始行动。

两个人假装不小心撞到医生和护士，然后迅速拿出无声手枪把两个人干掉。然后脱下他们的白大褂，穿在自己身上。他们又把医生和护士的尸体拖到卫生间里，他们自己则装成医生和护士很自然地来到海尔库拉的病房。

他们把注射液全部换成能够致人死亡的药液奥美拉唑，他们进来的时候海尔库拉还在昏迷状态。武尔夫拿着装有奥美拉唑的针管给海尔库拉进行了一场"特殊的治疗"后，不知海尔库拉是因为针管的刺痛醒来，还是由于知道自己即将要死亡了，再最后看一眼世界，他睁开了眼睛想要说话，但是一切已经太迟了。看着海尔库拉慢慢停止了呼吸，武尔夫和维纳克拉迅速离开病房，在卫生间里将医生和护士的衣服脱掉，然后他们很自然地走出医院，回到住所。

这次行动成功了，医院为了逃脱责任宣布海尔库拉因医治无效于凌晨三点死亡。武尔夫很快得到了凯恩狄克的嘉奖，凯恩狄克尤其在罗伯特·格力菲斯面前表扬了武尔夫，并授予他铁十字勋章。从此武尔夫成了在德国情报组织又一个"新宠儿"，至少是罗伯特·格力菲斯心目中的重点培养对象之一。他的第一次任务就这样完美的画上了句号，等待他的是另一场重要任务。

不久后，武尔夫要去办一张荷兰犹太人的户籍，这是他完成新任务的第一步。然后他要利用德国间谍组织安排的内线，顺利的进入到一家犹太人开的公司去。一切准备就绪，剩下的便是行动了。虽然计划得天衣无缝，但也不能保证在行动中不会出现差错，武尔夫知道作为一个间谍的危险，他要时刻保持高度的警觉，以此来保证自己的安全。

武尔夫带着饱满的精力和自信从容走出了住所，向他的第一站走去。第一站是武尔夫住所不远处的一条街上，凯恩狄克让他今天上午 9 点多来到这条街上，然后会有一个卖枣的人来给他送户籍，其余的什么也没有向武尔夫透漏。

来到指定的地点，武尔夫一边装作没事溜达，一边观察着他的周围有没有卖枣的人。武尔夫在这条街上走了很长时间也没有见到一个卖枣的人，难道是自己来早了吗？不能啊，时间已经到了，会不会是给自己送户籍的人出了什么事呢？武尔夫心里猜测着。

正在这时，不远处传来了声音："卖枣了，好甜的大枣啊。"一个看上去年纪很大的人推着车子向武尔夫这边走来。

难道是他？武尔夫正想着，卖枣的人已经来到了他的身边，"小伙子，买点儿大枣吧，很甜的，要不你尝尝。"卖枣人说着便拿起一个枣递给武尔夫。

武尔夫接过枣刚要吃，卖枣人便向武尔夫的身边靠近，然后他将手里的东西快速地递给武尔夫低声说："这是凯恩狄克让我交给你的，一切小心。"说完离开武尔夫的身边大声说："既然你不买那我走了，我还要继续卖我的枣呢。"说着推着车子走了。

见卖枣人离开了，武尔夫用手摸着衣兜里的东西，确信是户籍后便离开了这条街。

顺利地获得户籍后，武尔夫便准备进入那家指定的犹太人公司。在组织人员的安排下，武尔夫像计划中的一样，进入到公司没有受到什么阻碍。

在第一次进行现场考核的过程中，聪明的武尔夫便以极其优秀的成绩受到犹太人的欣赏与好评。面对大家的肯定武尔夫只是笑笑，他知道他的目的不在此，而是有更重要的事情等待着他去做。危险可能随时会出现，所以武尔夫要时刻保持警惕。

让武尔夫没有想到的是，安排他进入这家公司的内线居然是"桑尔"。当武尔夫见到"桑尔"时用以前同样的称呼与她对话，"桑尔"的表情非常惊讶，用不解的眼光看着武尔夫，好像一个失忆的人一样。她的表情告诉武尔夫他们从前根本不认识，一开始武尔夫以为这个人是在掩饰着什么，后来他发现这个人的确不是他以前认识的那个"桑尔"，只是与"桑尔"的相貌相同。

武尔夫确信这个女人一定与"桑尔"有着什么特殊的关系，他一定要查清楚，否则这个计划是没法继续进行的。武尔夫心里思考着，而神色却没有任何变化。

这是一家经营出口贸易的综合性外贸公司，最大的股东是总裁勒希比亚特。勒希比亚特是一个相当有实力的犹太人，以其独特的经营技巧创造了商业奇迹。武尔夫在这家公司的工作很简单，就是一个普通的法律顾问，但是他感到庆幸的是，不久他又被安排为副总裁的法律秘书。

副总裁林思基卡尔最近正在筹划自己的资金转移事宜，涉及到很多法律问题。所以他想用利诱的办法拉拢武尔夫，让武尔夫成为

二战浪漫曲

为他服务的工具。

林思基卡尔把所有能搜集到的武尔夫的资料看的一清二楚，但是他不知道他所能找到的资料都是武尔夫事先准备好的"看点"。而武尔夫真正的身份，是别人根本查不到的。根据对武尔夫的了解，他深知想用金钱和美女来诱惑这个年轻人是不可能的，便花费了很多精力想到了一个很好的办法，就是先和武尔夫成为朋友，这样以后的一些事情就好办多了。

经过细心地观察和打探，林思基卡尔知道了武尔夫非常喜欢赛马，所以他每到周末都会找理由约武尔夫去赛马场进行赛马。武尔夫当然知道林思基卡尔的计谋，不过他不排斥林思基卡尔的邀请，因为这对武尔夫来说也是一个接近公司上层人员的很好的机会，这样他就可以利用林思基卡尔来找到更多的人获取更多的情报与信息。

在这个温暖而舒适的季节里，很多人都喜欢来到室外运动。下棋、射击等运动受到大家的欢迎。武尔夫则在林思基卡尔的邀请下经常到赛马场一展他们高超的马技。

这天下午，万里晴空，武尔夫又应林思基卡尔之邀来到郊外的赛马场。大自然温暖的气息里，润含着生命的奇迹。在和煦的阳光照耀下，在光和影的映衬下，这个世界上所有的一切都显得那么温暖和谐。

两个人都选出了各自喜欢的马，随着抢声想起，两匹骏马飞驰而出。武尔夫选了一匹深红色的马，马蹄强健，四肢匀称，深红色的皮毛在阳光的照耀下，颜色越发的耀眼。

他们互不相让的在赛场上追逐，善于骑马的武尔夫显然是略胜一筹，而林思基卡尔也不甘心被落下，在后面紧追不放。他们表面是在赛马，而暗地里却都各怀着心思。

在与林思基卡尔的赛马过程中，武尔夫不得不承认，如果不是因为特殊的原因,他们很可能成为好朋友,因为彼此是那么的相似。在速度与激情中感受着冲刺的快感,在手握着缰绳的同时似乎已经可以扭转人生的去向,在急刹住的瞬间好像就能到达心中的理想目的地。武尔夫暗中佩服林思基卡尔和自己不相上下的高超的赛马技术,更佩服他身上一种可以征服别人的特殊魅力。

这样的赛马活动让武尔夫又找回了大学时代的感觉,一种无所畏惧、超越现实的生活,能让人昂然向上,自信的面对生活。这让武尔夫想暂且放下自己的使命,抛却间谍身份,只想成为一名普通人,充分感受生活给自己带来的刺激,但这也只限于在赛马场上驰骋之时。

一个偶然的机会,使武尔夫更加得到了林思基卡尔的信任。一向做事认真仔细的武尔夫在看一份关于林思基卡尔财产问题的法律文件时,发现里面有一个人为设置的陷阱。一开始武尔夫以为是自己弄错了,他又反复研究了好几次,查阅了原始资料,最后终于确定自己没有看错。这为武尔夫创造了一个取得林思基卡尔信任的机会,在确定自己判断无误之后,他立即找到林思基卡尔,就他个人财产当中存在的隐患给予了忠告,这件事情让林思基卡尔对武尔夫感激万分。

如果没有武尔夫发现问题,林思基卡尔将会在这家公司失去百分之二十的股份,而武尔夫的提醒使林思基卡尔免于了这场经济上的损失,对此,林思基卡尔万分感激武尔夫,同时也把他划分到自己的战线上,对武尔夫绝对地信任。

见时机已经成熟了,林思基卡尔便借谈一些工作的事情将武尔夫叫到了他的办公室。等武尔夫走进办公室坐下后,林思基卡尔走到门前,将已经关上的门锁上了。这一举动让武尔夫很吃惊,他不知道林思基卡尔要做什么,他想,难道是他知道了关于自己的真实身份了吗?

就目前的情况看,他不可能发现什么。武尔夫在心里一直揣测着即将发生的事,而且他也做好了最坏的打算,如果有什么不测,自己随时可以抽出隐藏在衣服里面的枪,但训练有素的武尔夫在表面上并没有什么变化。

"我想将我的财产转移出去,你会帮我的,对吗?"林思基卡尔回到他的座位上坐下后,停了几秒钟便将自己的想法说了出来,然后用期待的眼神看着武尔夫。

"什么?你要将财产转移?为什么?"武尔夫不明白林思基卡尔突然说的这个决定。不过心里却有些放松了,看来这次谈话的内容并不像自己想的那样。

"我知道要你帮我做这件事情并不难,所以你一定要帮我,因为我现在遇到了一个很大的问题。"林思基卡尔说到这里用恳请的眼神看着武尔夫,随后接着说:"你不知道,其实我是日耳曼人与犹太人生的混血儿。我的叔叔现在在德国政府里任职高位,据他说,罗伯特·格力菲斯召开了一次紧急的秘密会议,会议的主要内容是纳粹开始全面实施一项庞大的杀人计划。他们准备通过所谓正常的法律手段让所有犹太人的公司破产,然后光明正大的掠夺这些财产,之后再杀人灭口。当然,这绝不是危言耸听,我的叔叔从来没有骗过我。所以现在情况对我非常不利。"林思基卡尔神情凝重,紧皱眉头,眼神中透露着几分无奈与痛苦。

林思基卡尔知道武尔夫是个很正直的人,如果没有正当的理由武尔夫是不会帮忙的,所以当他把一切都说出来的时候,武尔夫震惊了,因为这个秘密连武尔夫自己都不知道的。

"什么?事情竟然是这样的?"武尔夫简直不敢相信自己的耳朵,他惊讶地站起来,用怀疑的眼神看着林思基卡尔。

"是真的,所以要做的就是必须先转移财产,这样我就可以将损失降到最低，然后采取其他的行动。你能理解我吗？"林思基卡尔急切地希望武尔夫相信他。

原来凯恩狄克只把武尔夫当成一个利用的工具，而这次行动真正的目的武尔夫并不知道。

看来凯恩狄克的确是欺骗了他。从一个职业间谍的立场来说是值得理解的，但就武尔夫个人而言，他是无法接受这样的欺骗。在他听完林思基卡尔的叙述之后，才突然明白为什么他的任务是偷一份犹太人富商的名单。这份名单原来关系到千千万万个犹太人的生死存亡。

就职业性质而言，间谍需要的是理性的思考与判断，并不会参杂个人情感，而武尔夫虽然拥有过人的智慧，但却是一位感性胜于理性的人，他虽然崇尚自己的职业，但并不意味着失去了同情、怜悯之心。作为德国人或者是一名间谍，武尔夫对犹太人并没有仇恨。

见武尔夫没有说话，林思基卡尔又开口了："你只要帮我在波兰开一个账户，让我把资金转到那里就安全了。"林思基卡尔急切地想知道武尔夫的回答。

所有的同情都是有限的感情。武尔夫现在特殊的身份已经让他没有办法回头，也没有能力挽救整个局势的发展。但是武尔夫在这一刻决定帮助林思基卡尔转移财产，因为武尔夫从自己的内心深处非常敬仰这个商界巨子。武尔夫不希望一个有能力的人就这样被无辜地卷入那些毫无人性的战争里，所以他要尽自己的力量来做一些挽救，虽然获得的成绩可能是微乎其微。

"好，我会尽力帮助你的。"武尔夫坚定地说。

"太好了，谢谢你，我的朋友。"林思基卡尔激动地抱住了武尔夫，此时他就像哥伦布发现新大陆一样兴奋。此时的他就好像是走到绝路上的人突

二战浪漫曲

然看到了一条宽敞的路向自己脚下延伸开来,带给自己足够的勇气。

答应林思基卡尔之后,武尔夫放下手中的工作,很快地在波兰给林思基卡尔开了一个账户,并在第一时间将账户开通的消息告诉了林思基卡尔,让他尽快把他想转移的资金转到那里去。

知道账户办下来后,林思基卡尔很兴奋,计划用最快的速度转移资产。但是当林思基卡尔要转移资产时,却被银行告知刚刚开通的账户已经被查封了。

一头雾水的林思基卡尔将武尔夫叫到了自己的办公室,将账户的事情告诉他了。"怎么可能? 我刚刚开通的怎么会被查封呢? 你确定吗? "武尔夫很惊讶地说。

"是的,我已经问清楚了,是在你开通不久后被查封的,怎么回事呢? 你再回去查一下,要不就重新办一个吧。"林思基卡尔看着武尔夫也很迷惑的样子建议道。

"嗯,我马上去查一下。"武尔夫说完离开林思基卡尔的办公室,走回自己的办公地点。

正在武尔夫思考这一切是怎么回事时,有人来告诉武尔夫说凯恩狄克想要见他,要他马上去一下。

将手头的工作放下后,武尔夫立即来到了凯恩狄克那里,见面之后武尔夫像往常一样开始汇报自己最近的任务完成情况。凯恩狄克没有说什么,只是一直看着武尔夫。在武尔夫的汇报还没结束的时候凯恩狄克打断了他:"等一下! "

不知道凯恩狄克是什么意思,武尔夫便停止了汇报,站在那里不解地看着他。凯恩狄克的脸色突然阴沉得可怕,两只手背在后面在他的办公室里来回走了两圈,眼神带着质疑与不满。

突然凯恩狄克从抽屉里拿出一个银行账号单放在桌子上，"这是怎么回事？"凯恩狄克平静的语气中带着极度的不满。

见到这个银行账号单，武尔夫先是一愣，他没有想到这件事这么快就会被他们发现了。"难道一直有人监视着自己？"武尔夫心里莫名的火气涌上心头，但是他的外表依然冷静，面不改色，语言缜密而有逻辑，"你是说这件事情吗？我当然是为了取得他们的信任，而且是完全的信任。"武尔夫郑重其事地说。

这句话并不是在完全说谎，武尔夫还有两天的时间，所以他必须抓紧时间。他虽然很想帮助林思基卡尔，但是也不得不利用他。因为他只能帮助一个犹太人，而帮不了所有的犹太人，很显然武尔夫的诚恳的言辞说服了凯恩狄克。

"哦，是这样啊。"凯恩狄克的语气比刚才好多了，眼里的怒气已经没有了。

离开凯恩狄克那里，武尔夫感觉自己被他完全掌握了，想要做些事情还真是不容易，不过他有他自己的想法。

很快林思基卡尔的所有资金都被安全地转移了。为了慎重起见，在武尔夫的帮助下，林思基卡尔又把账户里的资金进行了二次转移，最后转移到一家英国银行的账户上。至此，林思基卡尔悬着的心总算放下了。

通过这件事情以后，林思基卡尔对武尔夫已经完全信任。武尔夫知道，时机已经成熟，行动必须快速进行。

由于得到了林思基卡尔的信任，武尔夫在他的引荐下参加了公司内部秘密会议。但武尔夫不知道的是，他帮了林思基卡尔的同时，也帮了公司的总裁勒希比亚特，因为那笔资金里就有总裁勒希比亚特的一部分。而这次会议的内容就是讨论怎样避免这次大劫难，参会人员都是公司里重要的股东。

第一次参加这样的会议,武尔夫没有太多的紧张和不适应,尽管这里的气氛有些过于凝重。参加密会的人员大多是武尔夫没有见过的,而令他惊奇的是那个和"桑尔"相貌相同的人也在其中。那个女人微笑着向武尔夫点点头,象征性地打招呼。

她既然能参加这样的会议,看来这个女人不简单,武尔夫心里有几分不安地想。因为从表面根本看不出这个女人真实的身份,所以武尔夫告诉自己,在这里的一举一动都要时时谨慎,以防被人利用。

大约一个小时后,会议在无奈中结束了,但会议的内容并不是武尔夫所需要的重要信息。从会场出来后,武尔夫独自走在回家的路上,没有走宽敞明亮的街道,而是顺着小路摸索前行。在没有路灯的照亮下,黑夜就如同摸不着边际的苍穹一样暗淡无光。这不但是个没有月光的夜晚,就连一点儿星光也看不见。

突然从旁边蹿出一个黑影,把武尔夫吓了一跳,不等他反应,一个不陌生的声音传进了他的耳朵,"别担心,是我,我是斯尔诺丽丝。"

原来是那个相貌和"桑尔"一样的女人。她怎么会在这里出现?武尔夫带着警觉的思维开始旋转,表情依然没有因为她的突如其来而有任何变化。

"我们合作找那份名单吧!"那个女人站定后低声说,她说的不是疑问句,而是肯定句。

一时间,武尔夫不知道该怎么回答,刚才她用那样的方式出现,现在又问自己这样的问题。她怎么知道名单的事情?她是自己人还是对方派来试探自己的?武尔夫的思维继续运转着。

见武尔夫没有说话,斯尔诺丽丝接着说:"你需要我的合作,不是嘛,我们合作对你没有什么坏处,只有好处。"

听了斯尔诺丽丝的话,武尔夫仔细地想了一下目前的情况,他觉得这

二战情报战

是一个不错的主意，即使斯尔诺丽丝有什么别的企图武尔夫也想好了对策，所以他答应了斯尔诺丽丝的建议。如果斯尔诺丽丝说的合作是真的，武尔夫当然愿意，因为他现在的时间已经不多了。

他们很快就达成了协议，然后按照计划进行了分工。武尔夫经过周密安排从林思基卡尔口中得知这份重要的名单并不在林思基卡尔这里，而是在总裁勒希比亚特手里。武尔夫将这个消息告诉了斯尔诺丽丝。

斯尔诺丽丝得知这一消息很惊讶，因为她是勒希比亚特儿子的未婚妻，她没有想到要获取的名单竟然在他那里。武尔夫把自己的计划向斯尔诺丽丝介绍的时候，她的表情极其不自然，也许是她觉得这么做有点儿残忍，已经超越了她的心理承受极限。

"你知道吗？我是勒希比亚特儿子的未婚妻。"斯尔诺丽丝用极低的声音说，"也许因为这个原因我更容易接近他获取名单对吗？"

看着显得很痛苦的斯尔诺丽丝，武尔夫很迟疑地问她："你会出卖自己的未婚夫吗？"因为这是一个决定计划成败的根本原因。而斯尔诺丽丝的回答还是值得信服的，虽然还是让武尔夫放心不下，但是这已经是现在最好的办法了，因为他们已经足够多的时间再另行其他的计划。

一切行动计划已经准备就绪，武尔夫将定时炸弹交给了斯尔诺丽丝，并让她把这个定时炸弹放在公司保存机密文件的机要处。这个定时炸弹火力不是很大，爆炸的后果不会使整栋大楼坍塌，但是会造成一种的特殊的假象，就是让里面的所有人产生一种爆炸的假象。武尔夫对斯尔诺丽丝说："今天中午的行动你要小心，事情成功之后我们再会合。"

"嗯，我会的。"斯尔诺丽丝说完将定时炸弹收起来以免引起他人怀疑。

在快要吃午饭的时候斯尔诺丽丝假装来借阅文件，说要进机要处，值班人员一看是她当然不会对她产生怀疑，便让她进去了。斯尔诺丽丝进去之后便迅速地拿出带来的炸弹，很顺利的将定时炸弹安装好了。表面上温柔、可爱的姑娘也突然变了另一副模样，她的动作干净利落，手上拿的是炸弹，脸上却写满了淡定。

根据斯尔诺丽丝之前和武尔夫介绍的情况，这份机密文件可能藏在两个地方，一个是机要室，另一个是勒希比亚特的办公室。当炸弹爆炸以后，他们都先躲起来，所有人员在撤离的过程中他们分头行动。

炸弹准时爆炸了，这突如其来的恐怖事件让所有人不知所措。公司重要成员马上撤离了这里，只有武尔夫与斯尔诺丽丝内心藏着不可告人的秘密没有离开。斯尔诺丽丝以最快的速度重新地回到机要室。

这份名单根本不可能是和其他文件放在一起的，也可以说根本就不是纸质的文件。斯尔诺丽丝当然知道这些，她更清楚自己不会把真正的名单交给武尔夫。什么样的爆炸遇到可燃物质都会引起大火，所以如果是纸质的名单早就消失了。斯尔诺丽丝知道那份名单在机要室的暗墙里，但是她没有取出来，而是把事先准备好的一份假名单紧紧地拿在手里。

而武尔夫也在炸弹爆炸的同时来到勒希比亚特的办公室，他找遍了整个房间也没有找到名单，理所当然的一无所获。他们按计划在晚上的时候会合了，斯尔诺丽丝一见到武尔夫便把自己拿到的假名单交给了他说："这是那份名单，给你。"

"拿到了？"武尔夫迅速接过名单打开后仔细地斟酌，表情很平静。这是一份手写的名单，从笔迹清晰度来看，时间不是很长，应该不超过三个月。武尔夫左手拿着名单，右手从书架的一侧翻出一个欧式放大镜。他把名单平放到桌子上铺开，然后用右眼从不同的角度和距离透过放大镜观察。名单上的名字都是武尔夫从来没听过的人物，而在武尔夫预想应该有的人物居然一个都没有。武尔夫不动声色地观察着，他身边的斯尔诺丽丝的神色异常,几乎不敢呼吸,手紧紧地攥着。

"不错,可以交差了。"武尔夫看完名单后微笑着对斯尔诺丽丝说。

"哦。"斯尔诺丽丝如释重放。她心里有些侥幸,他也不过如此,自己的一个小计谋就蒙混过关了。

武尔夫却依然神色不变。他和斯尔诺丽丝分手后便去凯恩狄克那里进行交差了,凯恩狄克也并没有怀疑名单的真实性。

从凯恩狄克的家里出来武尔夫还是没有直接回自己的住所,而是去了一家很有格调的酒吧。这一次没有任何目的,也不是在表演任何剧情,只是想纯粹的放松一下,只是想仔细地思考一下。

这是柏林市中心的一家酒吧,装修很豪华,以前武尔夫也来过这里。它的附近是比较热闹的商业街,全天车水马龙不断,这个时候更是人声鼎沸。武尔夫进去后找了一个很隐蔽的座位,要了一杯威士忌,坐在那里喝起来。

酒吧里灯光闪烁,这种悠闲的娱乐气氛仿佛已经离开武尔夫好久了。他一边喝酒一边看着台上动感销魂的舞蹈,几乎每个人的脸都被朦胧的灯光蒙上了一层轻纱,也没人注意自己身边其他人的具体形象,每个人都在释放自己。武尔夫没找朋友也没有女伴,也不想跳舞,就是一个人坐在那里品味着这看似平常却又珍贵的平凡生活。武尔夫很享受地欣赏着这台上的歌舞演出,虽然舞蹈算不上美妙动人,歌声也比不上曾经维也纳歌剧院的精彩绝伦。但是武尔夫感觉这一刻他所拥有的是如此的幸福,没有什么比现在更让自己满足了。

当武尔夫沉醉于这片刻的轻松与愉悦的时候,突然一个熟悉的身影闯进了他的视线中。拿着酒杯的手立刻停止在半空中没有动,武尔夫的眼睛盯着从门口进来的那两个人。武尔夫摇摇头,确信不是他喝多了,也不是他大脑中的想象,确实是进来两个人,一男一女。

武尔夫轻轻地将酒杯稳稳地放在了桌子上，神经立刻进入紧张状态。武尔夫看见那个女人不知道是"桑尔"还是斯尔诺丽丝，旁边还跟着一个男人，仔细一看，那个男人不就是勒希比亚特的儿子凯文吗？那他身边的人一定是斯尔诺丽丝了。

不对，斯尔诺丽丝欺骗我了，武尔夫立刻意识到了这一点，他能够确定那份名单一定是有问题的，因为武尔夫看见他们的举止行动表明他们是很亲密的一对情侣，并不像斯尔诺丽丝和他说的那样：她的未婚夫背叛了她，所以她要帮助武尔夫获得名单来报复她的未婚夫。武尔夫知道这里一定还隐藏着一些秘密，是什么呢？武尔夫想不明白。

这时斯尔诺丽丝和凯文已经在服务员的引领下在离武尔夫很远的地方坐下了。武尔夫所在的位置是一个不容易引人注意的角落，所以他一直关注着那一对情侣，他们简直就成了一个留在武尔夫心中的大疑团。

到底是怎么回事呢？武尔夫心中还从来没有遇到过这么奇怪的事情，让他觉得不知从何下手。但是武尔夫此时可以确定，他必须要弄清楚"桑尔"和斯尔诺丽丝的真实身份，以及这两人之间到底有着怎么样的关系。

从哪里开始查呢？下一步要怎样做呢？武尔夫心中思索着。见他们很快乐地聊着，武尔夫慢慢地站起身，悄悄地绕过他们的视线，顺利地离开了。他们显然没有注意到武尔夫，还在酒吧里继续玩着。

武尔夫回到住处，脱掉外衣便躺在了床上。躺在床上没有多长时间后，他又突然坐起来。不知道是这个空间太小还是因为武尔夫的心情太乱，他又穿上了那件黑色的风衣，戴上那顶黑色的帽子，拿着他那款精致而灵巧的手枪走出了房间。

没有绕路，武尔夫直接来到"桑尔"曾经住的地方。武尔夫现在不确定"桑尔"现在还住不住在这里，所以他自然不会敲门。武尔夫拿出一把自己制作的万能钥匙,轻轻插入锁口中,听见微弱的锁的扭动声,很显然门锁已经被打开了。武尔夫轻轻地将门开了一个刚好能让自己通过的缝隙,待自己进去后又将门悄悄地关上了。

房间里很暗,几乎看不清周围的样子,武尔夫拿出自己事先准备好的小夜明灯,从客厅慢慢地走进"桑尔"的卧室。武尔夫已经拿出自己的手枪,准备好一场激烈的战斗。但是当夜明灯的光照到床上时,让武尔夫大失所望,居然什么人也没有。他收起枪,打开室内的灯,武尔夫先从客厅到卧室观察了一下,这里已经好像很久没有人住了。然后开始仔细检查,武尔夫把所有可疑的地方都搜了一遍,包括"桑尔"的化妆品、衣服和鞋子,但是在这些日常用品中武尔夫没有发现什么有价值的线索。难道就这样空手而归,武尔夫不甘心,他又来到他唯一没有翻过的地方——床底下。武尔夫弯腰掀起最外面的床单,然后蹲下身子看里面,下面很暗,武尔夫将照明灯往里伸了伸,他的头也随着伸进去了。

正在武尔夫趴在地上往里面看的时候,他听见自己后面有声音,但是已经来不及回头看了。只是感觉到一把枪对着自己,然后一个男人的手直接就拽着他的腿,把武尔夫生硬地拉了出来。然后又将武尔夫别在身上的枪夺了过去,接着用绳子把武尔夫的手捆上后又将武尔夫整个人绑在一个凳子上。

等到武尔夫被绑上后他才有机会看见对方的脸,这一看让武尔夫很震惊,面前这两个人原来是斯尔诺丽丝和凯文。武尔夫心里想他们的速度真够快的啊,刚才还在酒吧现在居然出现在这里了,难道他们是跟踪我了?难道斯尔诺丽丝就是"桑尔"?还是真正的"桑尔"已经死了?又或者她们其实是同一个人?这一连串的问题让武尔夫喘不过气来。他的眼神直盯着面前的这个女人,好像他这样便能确认出她到底是斯尔诺丽丝,还是"桑尔"一样。

"你到底是谁?"武尔夫带着冰冷的语气问道。

"我就是'桑尔'。"斯尔诺丽丝冷笑着回答。

"你为什么要这么做?"武尔夫提高了声调带着愤怒的语气质问着斯尔诺丽丝。

对话进行到这里,斯尔诺丽丝还没来得及回答,突然间从外面闯进来十多个手持抢的黑衣男子。然后以"八"字形分散开来,迅速把这里所有的人包围了。武尔夫看到那个人不禁心里又一阵疑惑,房间里三个人的表演似乎不够精彩和热闹,现在的场面已经分不清谁是主演,更不知道大家是敌是友。

面对这样的场面,武尔夫突然觉得这是一场很有意思的游戏,他还真应该奉陪他们玩到底。这时斯尔诺丽丝已经觉察到形势发展到了自己无法控制的地步,回头向自己的男友使了一个眼色。几秒钟之后,斯尔诺丽丝和凯文同时举起手枪对着周围的人就是一阵疯狂的扫射。

斯尔诺丽丝闪躲灵敏,枪法又狠又准,在第一枪开出去之后转身的时候,左手又掏出另一把枪,然后双枪扫射,武尔夫顿时被这个女人的精湛的枪法震惊了。这是专业狙击手都很难达到的水平,而她却运用自如,身体和枪法配合的恰到好处。

对方也毫不示弱,两个人的力量怎么也敌不过十几个人的枪口,但是很明显,那些黑衣男子并没有要致斯尔诺丽丝于死地。斯尔诺丽丝尽全力掩护着她的男朋友,但是凯文的手臂上还是被击中了一枪,而后是两枪、三枪。鲜血浸透了凯文的衣服,枪也从他的手里瞬间滑落。

在这危急关头,斯尔诺丽丝挡在了凯文的前面,一边双手向黑衣人开枪,一边对后面的凯文说:"你快走。"

在斯尔诺丽丝的掩护下，凯文飞快地跑到窗户前，准备跳窗逃走，脚刚刚抬起，手还没有把稳，腿部又被打中一枪。鲜血从凯文的手臂上、大腿上一滴滴地流下。

"住手。"一个高亢的声音从外面传来，枪声在片刻之后停止了。所有人的目光聚焦在声源地点，居然是凯恩狄克！武尔夫这才知道为什么没有人向自己开枪了。

一场混乱的战斗之后，整个房间就像被敌人扫荡了一遍，废墟一般的凌乱与不堪。凯恩狄克走进来之后命令手下人替武尔夫松绑，然后站在那里沉默了一分钟。

整个房间在此刻安静的有点儿恐怖，斯尔诺丽丝用一种奇怪的眼神看着凯恩狄克，算不上仇恨但是仍然很愤怒。

"诺丽丝，选择吧，要么回家，要么失去凯文。"凯恩狄克看着斯尔诺丽丝，不是在商量，而是在发出命令。

"你们为什么要这样？为什么这样对待凯文？"斯尔诺丽丝歇斯底里的质问着凯恩狄克。

这是一场无情的交易，爱情与生命的兑换。这是一段跨越了民族和敌我立场的爱恋，前行中充满了艰难。斯尔诺丽丝慢慢地松开满身是血的凯文，凯文还是用手的最后一丝力量试图抓住斯尔诺丽丝，泪水已经模糊了她的视线。

"不要走……"

见斯尔诺丽丝要离开自己，凯文便用尽力气发出这微弱的声音，但是已经倾尽了生命的所有的能量。

"等着我，我会回来的。"斯尔诺丽丝说完，挣脱了凯文那无力的手，不再回头，也不敢回头。

"把凯文送到医院。"凯恩狄克很真诚地对武尔夫说。当然,那只是对斯尔诺丽丝说的谎言。而后用开枪射击的手势暗示武尔夫,武尔夫当然明白凯恩狄克的意思。

　　但是他们的这种游戏规则,斯尔诺丽丝早就知道,她根本就不会相信凯恩狄克。当她走过武尔夫的身边时,小声对他恶狠狠地说:"你要的那份名单还在我手里,所以不要杀了凯文,要不我不会放过你。"然后随着凯恩狄克离开了。

　　片刻间,这个房间又变得如此沉寂,武尔夫没有时间思考太多。凯恩狄克暗示自己杀了凯文,斯尔诺丽丝威胁自己放了凯文。这不是重点,因为武尔夫心中早已经有了答案。他必须马上把凯文送到安全的地方,但是不能去医院也不能送他回家。

　　经过一番思想斗争之后,武尔夫决定把凯文带到林思基卡尔的家中。他背起凯文,向林思基卡尔家走去。

　　敲门声骤然响起,林思基卡尔开门之后,就见到满身是血的凯文就在武尔夫的背上,他惊呆了,不由得睁大了眼睛,语无伦次地说着:"你们——你们怎么回事?"

　　"没有时间解释了,赶紧先救凯文。"武尔夫没有回答林思基卡尔的疑惑,而是直接走进了屋子,将凯文从身上放下了。

　　这时凯文已经因流血过多而昏迷了。见武尔夫这样说,林思基卡尔冷静下来了,他没有再问什么,而是迅速派人把家庭医生找来,对凯文进行紧急抢救。医生来了之后,林思基卡尔把武尔夫叫到了自己的办公室。

　　他们来到林思基卡尔的办公室后,相互看着对方,他们好像都有太多的问题要问对方,居然在同一时间开口,然后又停下,两个人就很默契的相视而笑了,好像是久别重逢的朋友一样亲切。

武尔夫有所保留地说明了情况，然后向林思基卡尔询问关于斯尔诺丽丝和凯文的事情。

"我一直没有和你说，其实我的叔叔就是罗伯特·格力菲斯，而斯尔诺丽丝是我叔叔的女儿。"林思基卡尔想了想对武尔夫说。

"原来你们有着这样的关系啊？"武尔夫很吃惊地说。

接着林思基卡尔把他知道的大部分事情都告诉了武尔夫，让武尔夫对一切有了新的认识。

这是一次不同寻常的对话。斯尔诺丽丝的父亲自己制定的特殊婚姻法，让经过挑选的德国女人与党卫队人员生养子女，以此制造所谓优秀的种族。得知斯尔诺丽丝爱上了凯文，罗伯特·格力菲斯根本无法忍受自己的女儿居然是第一个背叛自己的人。这不仅加快了罗伯特·格力菲斯实施计划的步伐，也加快了武尔夫走向另一个端点的计划。

原来那"桑尔"和斯尔诺丽丝居然是一个人。原来朗克成了"桑尔"的线人，所以那天才会出现一个人出现在两个地方的诡异事件，也因此，"桑尔"才可以在两种迥然不同的环境中来去自如。而让武尔夫着实震撼的是，斯尔诺丽丝居然为了爱情而坚强地背叛自己的父亲，他甚至有一点点的感动。武尔夫之所以救了凯文当时他是为了去林思基卡尔那了解更多的情况，也是被斯尔诺丽丝的勇敢所震颤。

而今天看来武尔夫的选择是正确的，是英明的。有时候看来短暂的感性是人生不可缺少的润滑剂，完全的理性是不存在的一种神话。

等待医生将凯文的伤口处理好后，他渐渐地苏醒了，他正在奇怪自己为什么在这里时，武尔夫和林思基卡尔走到了他的身边。凯文吃惊地看着自己的伤口又看看面前的这两个人，问："是你们？你们要把我怎样？"

"你放心吧，是他把你送到我这里的，在这里你可以安心地治疗你的伤

口。"林思基卡尔指着武尔夫笑着对凯文说。

"是你救了我？"凯文有些不相信自己的耳朵,疑惑地看着武尔夫。

"你不用担心,现在你安全了,我只需要你帮我一个小忙。"武尔夫也笑着说。

"我能帮你什么忙？"凯文更加奇怪了,站在一边的林思基卡尔也奇怪地看着武尔夫,不知道他的葫芦里卖的是什么药。

"我要回去复命的,所以我需要你的一颗子弹打在我身上。"武尔夫没有开玩笑,他确实是这么想的。

"什么？"凯文和林思基卡尔不约而同地说出口,"你让我朝你开枪？我不会的。"凯文接着说,语气中带着坚定。

不等凯文做出下一步反应, 武尔夫迅速地从凯文身上抽出凯文的手枪。

"不要……"

凯文的话还没有说完,就听见"砰"的一声枪响,是武尔夫朝着他自己的肩膀上开了一枪,顿时鲜血透过武尔夫的大衣,慢慢地向外流……

"你怎么能……"

林思基卡尔吃惊地张着嘴, 武尔夫没有说话一手捂着伤口走出去了,身后的林思基卡尔和凯文都感到震惊。凯文没有想到武尔夫为了救他竟然朝他自己身上开枪,瞬间,感动和感激的泪水充满了眼眶。

在充满生命神奇的宇宙画廊里,不知道谁会遇上谁的泪水,谁的枪口会对准谁的头颅,谁的手里会沾满谁的鲜血。武尔夫感到一场震慑人心的计划已经开始了,而这次行动自己居然不在其中。武尔夫并不感到失落,和以前一样,他去了凯恩狄克那里汇报工作,只不过这次是带着滴血的伤口找到凯恩狄克的。

当武尔夫来到凯恩狄克这里时，凯恩狄克刚刚将斯尔诺丽丝送走。他见到武尔夫用手捂着肩膀，血迹已经从手指间流出来，说："你怎么受伤了？"

"我正要按照你的意思做时，突然有人出现并朝我开了一枪，然后他们就离开了，不过我想凯文当时已经奄奄一息了，就是被人救走也很难活下来。"此时，武尔夫感觉自己的伤口开始疼痛了，他已经咬紧了牙齿："这次行动失败了，请你处置我吧。"

听着武尔夫"忏悔"的语言，看着武尔夫还在流血的伤口，凯恩狄克并没有动怒。但他也不是很专心的听武尔夫的叙述，仿佛他说的这些已经不是重点。凯恩狄克很悠闲地翻阅着自己收藏的希腊古典文献。这样一来，武尔夫反而觉得自己是被看穿了的小孩一样，不知不觉出了一身汗。

"你是怕斯尔诺丽丝报复你吧，她虽然不是我的女儿，但她是罗伯特·格力菲斯的女儿。"凯恩狄克带着笑容漫不经心地说着，这样的笑容是嘴和脸分离的表演。一语道破所有的谎言，凯恩狄克依然没有抬头看武尔夫一眼。

"不过你做的没有错。"停顿了两分钟，凯恩狄克看着武尔夫的脸补充道。

这是一段怎样的时间，当武尔夫听到这一句话的时候有种被看穿的恐惧感，仿佛心跳的频率已经开始脱离正常轨道，脸色由红而白。两分钟的长度仿佛已经有了穿越地平线的距离感，毕竟死亡已经不是最坏的打算，武尔夫又恢复了真实的坦然。等待已久的而暴风骤雨居然烟消云散，武尔夫猛然明白这个上级的意图了。

虽然凯恩狄克也要按照上级的指示办事，但是他深刻地明白斯尔诺丽丝就像是一颗定时炸弹，即使是他也惹不起，何况是武尔夫呢？所以他对武尔夫的做法并不是完全的反对。虽然凯恩狄克没有明说什么,但是聪明的武尔夫已经知道这次任务"失败"的事情都已经过去了。

世界上不是每一个"为什么"都有答案,也不是每一个战士都会绝对的忠诚于一个组织,偶尔也会有背叛。背叛的原因可以不去计算,背叛的理由可以随便叙述,只要背叛的事实还是个秘密,那便是一种高明的神秘。

当历史的长河划过了人类无数次谈判与战争的星空,就已经见证了那些是是非非的对与错。武尔夫受伤的肩膀基本恢复好了,他在他的住所里研究着新式电台的神奇功能,这时电台能收到从德国情报组织发来的电文密码。武尔夫对这台新式机器的表现非常满意,这样不仅降低了被敌人截获的风险,还加快了解码的速度,最关键的是这样的密文即使被截获了也要浪费很长时间才可成功解码,解码之后由于时间的限制,情报就会像新闻一样失去它应有的价值。然而新式的电台只陪伴了他几个温馨的夜晚,就和他挥手说了再见。

科学家是伟大的,发明家是神奇的。武尔夫观察着这台新式电台自言自语:"这是谁发明的呢?"看着发来的密电内容,简洁明了。原来是新的任务又要开始了,电文上并没有说具体任务、时间和地点,也没有明确说明要去哪里。但是武尔夫相信这是一个伟大而神圣的计划,根据指示他首先要进入间谍集中训练营进行短暂的培训。他将房间里的所有的设备都进行了转移,整理好一切就出发了。

武尔夫第二次来到间谍集中训练营,面对着那座梦幻城堡仿佛已经恍若隔世。不一样的地方有着同样的气息,不一样的训练有着同样的窒息。这次的训练对于武尔夫来说已经是没有任何难度,只是在以前训练内容的基础上又增加了英语口语、英语书面语、英国地理常识、英国民俗常识等一系列专业课程。

这些课程学起来都很枯燥,也很吃力,同伴们都对这种训练充满了恐惧和不满。幸好武尔夫以前就会说一些简单的英文,现在学起来比其他人省力一些。

训练的时间只有短短几个星期。在这么短的时间内学好一门外语是很困难,他们虽然也能说一点儿,但却带着明显的外国口音。这次考核武尔夫除了口音有点儿怪异之外其他的都顺利通过了。

德国情报组织紧急会议由里特少校主持,会议主要研究派往英国的最佳间谍人选。根据多方面汇总的资料和几个主要人员的观点表明,武尔夫是派往英国的理想人物。他不但具备特工应有的基本素质,而且具有较高的悟性和很好的名声,最关键的是武尔夫曾在青少年时期随父母到欧洲、非洲等地广泛旅行。对各个地方的环境和特点等都很熟悉,这些对于一个间谍来说是很有帮助的。

理所当然的,武尔夫最终成了这次派往英国的间谍。

几个星期的训练在不知不觉中结束了,和第一次训练比起来,这次要幸福得多。在一个夜深人静的晚上,武尔夫很荣幸地受到了里特的宴请,他带着激动而紧张的心情来前往里特的别墅。路上,他心里不停地盘算着今天的主要节目是什么,肯定不会是简单的晚宴。

在晚宴上,他们的谈话进行了几十分钟,里特像老师指点学生一样认真布置着这次秘密行动,很清晰明了的指出这次行动的重要性,以及成功之后将给他们的国家带来怎样的利益。最使他们受到鼓舞的是,如果这次计划成功了,伦敦这个充满历史和文化的名城将会成为德国领土的一部分。而他们的贡献就是为自己的祖国版图上增加了新的"生命"。

盼望已久的时刻终于到来了,武尔夫如愿以偿地登上了一架德国军用飞机。飞机划过地表,离开跑道冲向蓝天。此时,武尔夫的心也随着飞机一同起飞了。在机舱里，武尔夫设想着到英国后实行所有的行动计划。时而兴奋，时而得意，觉得他在那里一定可以很成功地完成任务。

飞机在空中继续飞行，武尔夫还在想着他到达英国的情形，感觉时间过得很慢，甚至觉得时间好像停止了。然而他还不知道等待他的是一张已经布置好了的天罗地网。

过了很长时间，武尔夫在机组人员的呼唤声中慢慢醒来。外面已是漆黑一片，这时候他才知道他们的飞机已经到了英国的上空。武尔夫突然间提高了警觉性，拿出降落伞准备降落。当打开机舱的门，武尔夫不禁倒退了一步。下面好像无底的深渊一样不可预测，一种不祥的恐惧感席面而来。

没有时间思考和犹豫，只有一种选择，就是向前冲，没有退路。武尔夫准备好降落伞，打开伞包，拉住伞绳，然后纵然跳下，像一个突然不扇动翅膀的大鸟一样直线扎向地面，这种情况仅仅持续了很短的时间，然后身上的降落伞开始发挥作用，伞包张开，武尔夫便由直线下降变成缓慢飘落。刚刚还在耳边发出"呼呼"的风声现在已经消失得无影无踪了，武尔夫感觉自己像是飘在水中并且慢慢下沉一样，很舒服，他闭上眼睛享受着。

降落伞还在继续向下飘落，闭目回忆了很久后武尔夫睁开了眼睛，他突然发现自己的降落伞漂移的方向发生了变化，已经不在原有的轨道上了。怎么办？武尔夫脑中的美好画面都定格在这之前，这样会到哪里呢？

渐渐地，地面的东西有些能看见了。武尔夫焦急地向下搜索着，他看见很多的好像高射炮群的东西。这里怎么那么像军事基地？不会吧？武尔夫全身惊起了鸡皮疙瘩，他不敢想象自己如果真的落在了英国军事基地会是怎样的情形，他用尽全身的力气试图控制降落伞的方向，但是没有起到任何作用，降落方向依然朝着那个危险的地方。

仅仅就在这几分钟之内，武尔夫才完全地清醒过来。原来什么样的豪言壮语都禁不起真正考验,如果这个时候还能想点儿什么,那就是怎么样才能安全着陆。如果生命已经接近尾声,还谈什么所谓的宏图大业、奋斗理想。但是这还真是个奇迹,也许是这个夜晚太过黑暗,英国士兵居然没有发现他,什么反应都没有。

由于不停地思索着可能出现的情况,武尔夫完全没有注意到降落伞要着陆了。正在这时,降落伞的伞体撞到了一棵大树上。悬着的心终于可以暂时地放下。刚才不仅是身体停留在半空中,就连自己的生命都悬在了半空中。刚刚有一点儿的安全感,突然发出的"吱吱"声音引起了武尔夫的注意,他抬头查看,原来是伞刮着的树枝因承受不住他的体重而快要断裂了。武尔夫什么也不顾了伸出双手用力地够着大树,脚不停地蹬着,这样借助推力他终于够到了大树。武尔夫手抱着大树,脚瞪着树干,一点点地向下爬,最后,他终于又回到了地面。

在一瘸一拐地走出树林后的不久,武尔夫感觉到凉飕飕的,难道是前面有河流吗? 武尔夫很兴奋。他加快了前行的脚步。果然没有走几步便看到了亮亮的泛白的水波。为了掩护自己的身份,武尔夫把降落伞处理掉了,然后他沿着河边向前走。在河边走了一会儿很快见到一个村庄,他失落的心又燃起了新的希望。

这是一个不大的村子,没有多少房子,而且从外边看已经很古老了,并且应该是一个和外面没有多少交流的地方,房子的样式和路面的情况让武尔夫这样推断着。

不过,这个时候也不能考虑那么多了,这个时候可不是来游玩的。要先找个地方将自己隐蔽起来,武尔夫这样想着。他带着受伤的脚来到一个村庄旁边的土坡附近,这里有一棵大树。大树的直径是武尔夫所见过树中最大的。可以完全将一个人的身体挡住,武尔夫决定就先在这里停留了。

他将自己背上的包解下来,从里面拿出带来的发报机,迅速将发报机安装好,以最快的速度向德国情报组织报告他现在的情况。当电文传到德国情报组织的时候,情报组织的高级官员还带着很自信的乐观。认为整个局面都在他们的掌握之中,这背后的隐患只是在失败之后才发现。

就目前的情况而言,武尔夫只能凭感觉判断事情的原委,而现在最主要的任务是将自己原本的身份隐藏好,因此,自己会花费一段的时间处理此事。一向做事谨慎小心的武尔夫此时正在规划着下一步的行动,而他不知道的是,从他的脚步踏入到英国领土的那一刻,就已经在英国情报组织监视范围之内了。

对于武尔夫来说这个夜晚过于漫长,也过于凄凉。终于熬到了天亮,这时的武尔夫受伤的脚愈加的疼痛难忍,已经影响了他的走路。他来到那个村子旁边的小河,用清水冲洗了一下伤口。然后又一瘸一拐的往村子里走,来到村子里打算找一家农户吃顿早餐。这里的村民很好客,武尔夫只是随便编了个借口,不过并没有引起他们的怀疑,很快就为他准备好了早饭。吃饭的心愿达成了,一顿简单的早餐却让武尔夫心满意足,感激不已。

“例行检查,请出示你的证件。”当武尔夫走到村口的时候,一个国民军巡逻兵走上前来带着怀疑的眼光看着武尔夫说。

武尔夫虽然心里紧张了一下,但是外表去装作很镇静。他知道自己的英语口语非常不标准,这个时候说出来无疑是自我暴露。所以他什么话也没说,只是从包里拿出伪造的英国身份证,递给那个巡逻兵。

“你是什么时候办的这个身份证?”巡逻兵不信任地问道。

“去年 5 月 18 日。”武尔夫带着外国口音回答。

说完,武尔夫紧张的心又开始加快了跳动,仿佛在等待一场赌局的输赢。本来是不想说话的,但是这样的时刻他是无法控制局面的。武尔夫不自

113

信的表情和那很明显的外国口音,引起了巡逻兵的怀疑。他要求武尔夫和他去警察局走一趟。武尔夫很清楚他绝对不能去警察局,那样身份必定会暴露无遗,所有的计划和行动都将终止。

一个间谍的基本素质就是在最危机的时刻,无论是什么样的突发事件都能找出最快的方法解决。武尔夫并没有反驳那个巡逻兵,装出准备和他去警察局的样子。武尔夫想趁士兵不注意时将他解决掉,但是他突然意识到他的手枪此刻已经不在身上了。在降落的过程中他随身携带的手枪不知道什么时候不见了,由于夜晚太黑他也没找到。一种不祥的预感涌上心头,不是紧张,而是有点儿心慌。

有一种东西叫做运气,它与智慧和能力无关,它只是在时间的某一个断点偶然出现。武尔夫随着那个巡逻兵往警察局走着,一路都在盘算着该怎么逃跑。他们走到了一个接近郊区的地方,周围比较荒凉,几乎看不到人烟,但是还有几处不起眼的房子在路边矗立着,前面不远的地方好像是一座废弃的破厂房。

地点和时机都恰到好处,武尔夫假装上前和那个巡逻兵说话的样子,然后迅速转身到了他的右手边,用左脚踢他的小腿和腹部,两只手便要上前握住那个人携带的步枪。巡逻兵防范意识很强,武尔夫刚出手,巡逻兵向后一闪,武尔夫两手抓空。巡逻兵向后退了两步,接着举起了步枪。武尔夫大步转到他跟前,握住他的右手,试图把枪抢过来。

正在武尔夫和巡逻兵打斗正酣的时候,突然出现两个持枪的人,武尔夫和巡逻兵根本没注意这两个人的出现。出现的这两个高个子男人很快就制服巡逻兵,然后在他耳朵旁边小声说了几句话。在武尔夫没注意的情况下两个高个子男人拿出了一样东西给巡逻兵看,他看完后便说:"好的。"说完巡逻兵带着抱歉的笑容离开了。

蒙在鼓里的武尔夫对即将到来的危险还一无所知,而早在他空降着陆英国之前,他的战友卡迪科尔就将他出卖给了英国军情五处反间谍人员。

但出乎意料的是武尔夫得知自己落入英国情报组织手里,以为他会像大多数被抓到的德国间谍一样要经历那些痛不欲生的折磨,但让他没有想到的是英国军情五处特工对他没有动用任何的酷刑,而是用事实和真诚让武尔夫筑在心底的墙瓦解了。其实真正让武尔夫心里瓦解的是维斯馨的死亡,原来在他们后分开不久,她就被德国发现了真实身份。就这样,武尔夫以"3725号"和"塔特"的双重身份,游走在德英两国。

武尔夫在英国一直以德国间谍的身份为德国提供一些真真假假的情报,一方面是为了让德国相信他是在为纳粹服务,一方面利用情报将德国军队引诱到英国军队的埋伏圈中。这是一项很难做到的事情,善于表演、伪装的武尔夫却在其中周旋得游刃有余。他还为英国提供了有关德国的一些情报,并且为英国获得了大量资金和先进设备,为英国在很多战役中取得胜利做出了不可或缺的作用。

这天中午,武尔夫像往常一样准备去吃些午餐,此刻肚子早已开始叫嚣起来,看着镜中整齐利索的自己,武尔夫做了一个加油的动作,这时他听见发报机发出了"嘟嘟"的响声,他迅速地跑到了发报机那里。

电文是从德国情报机构发来的,主要内容是让武尔夫用最快的速度找出英国重要的"1073"基地的确切位置,并在以后德国空军轰炸"1073"时让武尔夫为其指示确切的位置。

翻译完电文,武尔夫开始怀疑起电文的内容,于是,他又再次地对其进行了核对,没错,纳粹德国确实是想要知道英国军工厂的具体地址。难道是要对英国发动空袭了? 武尔夫猜测着。

短暂地思考了一会儿后,武尔夫马上给上司回电称自己将尽快去获得"1073"的地址。

将电文发出去后,武尔夫急忙往威尔逊的办公室打电话。武尔夫告诉威廉说他马上要见威尔逊先生,请威廉一定安排他们立刻见面。放下电话,武尔夫立即赶往那个常去的咖啡馆。

在咖啡馆武尔夫将电报的内容详细地告诉了威尔逊,两人都察觉德国要对英国来一场大型的行动,为此威尔逊让武尔夫尽快把德国的行动弄清楚,以便做出对策。

果然,在威尔逊交给武尔夫"1073"的地址,并且发给德国情报站之后,得知了德国真的要空袭英国的军事基地的确切消息。

第二天上午,阿布威的电报发来了。武尔夫一看,原来是说今天晚上他们要对那几个军工厂进行轰炸,让武尔夫在地面为他们的空军指引目标。武尔夫给阿布威回复后,便去找威尔逊了。

在威尔逊的办公室,武尔夫把德国空军要轰炸他们军工厂的计划告诉了威尔逊,并说出了他自己的计划。威尔逊很欣慰武尔夫能这样做,他高兴地说:"希望明天我们能在咖啡馆内庆祝今晚的胜利。"

"一定。"武尔夫说完急忙离开了,因为他要去那几个军工厂看看周围的环境,以利于晚上的行动。

以前威尔逊曾带武尔夫去过几个军工厂,他对这些地方有一定的了解,但是为了以防万一,他还是希望将一切可能发生的情况都预料到。当他来到最近的一个军工厂时,看见这个军工厂已经做了准备,如果空袭的目标不是很准确,这个军工厂不会受到影响。他看看军工厂的周围,它后边不远处有一条河流,武尔夫想不能把轰炸目标指在那里,那样炸弹中的物质会污染河水的。他从军工厂的后边走过去,发现它的东侧是一片不大的空地,远处还有数量很小的树木。炸弹在这里爆炸较为合适,武尔夫想,如果将投弹地点指定在这个地方,不仅可以使军工厂免于轰炸造成损失,同时被炸弹点燃的树木也可成为有力轰炸后的证据。

武尔夫这样计划着,然后他离开了这里,前往下一个军工厂。武尔夫一直忙着巡视军工厂的环境,没有时间好好吃上一顿饭。太阳要落山时武尔夫终于将这几个军工厂都查看了一遍,确定了炸弹袭击的"目标"。

回到住处,武尔夫一边准备晚上用的东西一边简单地吃些食物。看看时间差不多了,武尔夫带上信号弹和火源出发了。

到了第一个军工厂位置后,武尔夫拿出信号弹放在地上,然后自己坐在一边等候着。很快,天上便有了轰炸机盘旋的声音,武尔夫急忙站起来,拿起信号弹向预先选中的地方跑去。他举着信号弹准备着,当看见轰炸机朝这边飞过来的时候武尔夫点燃了信号弹。明亮的火光立即引起了轰炸机机上人员的注意,他们立即朝这里扔下炸弹。武尔夫看见几枚炸弹在他选定的位置爆炸了,大火燃烧,心中的忧虑也在此刻释然了。

轰炸机还在空中盘旋着,武尔夫急忙带着其余的信号弹向下一个军工厂奔去。

当人们还在熟睡中的时候,德国空军轰炸机在英国开始了突然的轰炸。带有火药味的炸弹在武尔夫的指引下准确无误地轰炸了一个个"目标",浓浓的硝烟在黑夜中弥漫着,大火已将周围照亮。

当轰炸完最后一个"目标"时,德国空军轰炸机开始返航。但是他们没有预料到的是英国空军反应如此迅速,在短短的时间内已出现在他们返航的途中准备应战了。顷刻间,战火由地上转向空中,双方的战机在空中开始了一场生死较量。

经过一场殊死搏斗,德国空军损失了几架轰炸机,英国方面也有人员伤亡。尽管对"1073"偷袭"成功",但是当阿布威知道他们的轰炸机在英国遭到袭击时,心中不免对武尔夫产生了怀疑。

当武尔夫疲倦地回到他的住处不久时,他便听见了敲门声。武尔夫迅速地拿起枪谨慎地走到门口,问:"谁?"

"是我。"威尔逊的声音传来。

收起枪,武尔夫将房门打开,威尔逊出现在门口。一见到武尔夫,威尔逊掩盖不住内心激动的心情,和武尔夫拥抱。"谢谢你!"威尔逊发自内心地说。

武尔夫没有说话,只是和威尔逊拥抱着。激动过后,威尔逊说:"这次他们一定会怀疑你,我们给你安装这个东西。"威尔逊说着将带来的东西拿到武尔夫的面前。

"这是什么?"武尔夫疑惑地问。

"这是我们新研制成功的一种装置,它可以和你的发报机连接在一起,它的作用就是让别人查不出发报机的具体位置,这样你就不会被他们查出你的具体位置了。"威尔逊说着走到发报机前将手里的东西放下。

"真的吗?"武尔夫充满好奇地看着它,有些不相信地问。

"是的,我们已经做过试验了,现在你就可以把它和发报机连上,给你线,这是接线口。"威尔逊将线递给武尔夫,指着插口处说。

接过线,武尔夫将其接上了。看着武尔夫已经连接好,威尔逊便笑着说:"现在你就安全了,他们是不会知道你在这里的,你说你在哪里你就在哪里。"

"谢谢!"武尔夫看着威尔逊说。

"应该说谢谢的是我们,你是在帮我们工作,我们不会忘记你为我们所做出的贡献。"威尔逊握着武尔夫的手真诚地说。

忙完一切已经快到凌晨了,武尔夫便躺在床上开始了他的睡眠。这一觉,武尔夫睡得很踏实。他还做了一个梦,他梦见世界和平了,他又回到了德国,回到了父母的身边。

似乎已经成为习惯,每天的这个时候武尔夫都会醒来。他揉揉眼睛,觉得头很沉,还有些发困,便想继续睡,这时电话响了。武尔夫不情愿地去接电话,是威尔逊邀他中午一起吃饭。武尔夫答应后便挂断了电话,顺便走到了发报机前,发现有一封电报。

武尔夫先去倒了一杯水,一边喝水一边坐下来开始翻译电文。阿布威在电报中对他在这次行动中的表现给予肯定和表扬,最后还问道武尔夫现在的地址,对他们的轰炸机在返回途中遭到袭击的事情只字未提。看着电报,武尔夫的嘴角露出了笑容,他知道威尔逊的推断是对的,他摸着威尔逊让他接上的那个东西,心里很踏实。

在回复阿布威的电文中,武尔夫编造了一个合理的地点,然后他满意地站起来,回到床上继续睡觉了。

收到武尔夫的回复后,阿布威立即让他的手下对武尔夫进行调查。调查结束后,他们给阿布威的答案是没有发现任何可疑的地方。

面对这样的结果,阿布威还是不相信,于是他又交给武尔夫一个任务,让武尔夫获取英国新研制成功的武器的详细资料,这是阿布威自己编出的新式武器,他想知道武尔夫会不会真的给他发回那些不存在的武器的资料。

接到阿布威下达的任务后,武尔夫立即和威尔逊研究,威尔逊告诉武尔夫他们根本就没有这种武器,最后,他们得出的结论是阿布威是在试探武尔夫。于是,武尔夫便告诉阿布威他没有查到关于阿布威所说的新式武器的资料。面对这一结果,阿布威才相信武尔夫没有背叛他们,认为武尔夫是他们最信任和在英国最得力的间谍。

英国方面原本以为德国发动的"海狮计划"已经终止了，但是这次对军工厂的空袭告诉他们一切还没有结束。虽然这次他们损失很小，但是不能不引起他们的重视。于是，他们在空军方面投入了更多的人力和物力，英国空军实力开始迅速增强。

这个时候英国天气也是很凉的，绵绵细雨中带着刺骨的寒气，直入心脾。武尔夫的小房间里面也比较冷，威尔逊给武尔夫送来很厚的被子和壁炉用的薪柴，武尔夫很是感动。

下了几天的雨现在终于晴了，树叶上的雨还在滴落，鸟儿已经出来觅食了。武尔夫已经好几天没有出去走走了，一见到太阳他又闲不住了，于是他走出了他的房间。

平时覆有灰尘的道路经过雨水的清洗此时变得干净了许多，雨刚一停止，街上就出现了很多人来回穿梭着。武尔夫兴奋地加入到他们的行列中。

随着人流武尔夫来到了一个很有名的商店，人们在挑选着生活用品。他们大多数是因为前段时间一直下雨没有机会出来购买所需物品，所以一时间商店里聚集了很多人。武尔夫没有什么要买的，他只是想随便看看，不过他不能走得太快，因为身边有很多人。

武尔夫东张西望着，然后一个美丽的身影闯进他的视线。是那个美丽的女孩，在武尔夫看她的时候她也正好看见了武尔夫，四目相对，都有种强烈的愿望产生。对视几秒钟后武尔夫朝她点点头，她也微笑着回应。

看似平静的脸庞，掩盖了许多的激动，武尔夫没有想到自己上次在商店不小心撞到她后还会见到这位漂亮的姑娘。一时间，他竟不知道该如何是好了。如果就此离开，那么再相见就更难了，武尔夫不允许自己犯这种错误，他来到了商店门口，等待着那位姑娘出来。

不一会儿，那位姑娘将所需要的物品都购买完之后，就走了出来。"你好,我叫塔特。"武尔夫上前和她打招呼。

"塔特?好有意思的名字啊,我叫朱丽叶。"她微笑着露出了整齐的牙齿。

武尔夫被她的笑容迷住了,他眼睛直直地看着朱丽叶,把她看得不好意思了,她便转头看别处说:"这雨下了好长时间终于停止了。"

"是啊。"武尔夫回过神来附和着说,心里期盼着他们在一起多停留一段时间,接着说:"你买了这么多东西啊?"武尔夫指指她装满物品的袋子。

"哦,是啊,我出来一次不方便,所以要多准备一些。你不买东西吗?"朱丽叶耸耸肩说到。

"当然,已经买好了。"武尔夫又把话题转移到对方身上,"你离这里很远吗?"

"也不是很远,我在一个农场里面做工,农场主是不允许我经常出来的。"朱丽叶眼中带着一点儿无奈的神情。

"哦,这样啊,你在那里觉得好吗?"武尔夫说道。此时他们已经离开了商店门口向人少的地方走去。

"嗯,还好,不过农场主的太太是一个很不好惹的人,她经常找借口刁难我,除此之外我在那里生活的还算不错。"朱丽叶眼睛看着远处的人群,平静地回答着。

武尔夫没有继续追问,他们心照不宣地走到广场处,然后坐在供路人休息的座位上。"你呢?你去商店怎么什么都没有买呢?你住的地方离这里很近吗?"朱丽叶把头转向武尔夫,看着他好奇地问。

"嗯,我住的地方离这里很近,而且我的工作比较清闲,所以经常出来逛街。"武尔夫回答道。

"哦。"朱丽叶应了一声后没有继续说话。沉默了片刻后武尔夫便开始了他的特长,给朱丽叶讲了很多笑话。武尔夫幽默的语言和那搞笑的动作把朱丽叶逗得开怀大笑,然后武尔夫也跟着笑,笑声在两个人的周围荡漾着,像一首美妙的歌曲。两个人的脸上洋溢着快乐和幸福,仿佛世界上只有他们两个人一样。

"哦,我该离开了。"笑声过后朱丽叶突然意识到出来的时间很长了,便急忙拿着袋子站起来说。

"好的,我们还能见面吗?"武尔夫有些失落地看着朱丽叶问。

"希望我们可以见面。"朱丽叶微笑着说,她也舍不得和武尔夫分开,迈出的脚步停在那里了。

两个人又沉默了,然后街上经过的汽车声打破了气氛。"我真的该回去了。"朱丽叶说着抬起头看着武尔夫。

"再见!"武尔夫点点头说。

"再见!"此刻朱丽叶已经迈出了脚步,她一边走一边回头看武尔夫。武尔夫依然站在那里看着她,不停地摆手,然后他大声喊道:"我可以去农场看你吗?"

朱丽叶点点头没有说话,然后带着笑容离开了。武尔夫兴奋地说:"太好了。"同时他对自己做了一个加油的动作。见朱丽叶的身影在人群中消失后,武尔夫才依依不舍离开那里,回到自己的住处。

虽然今天吃的食物和平常没有什么区别,但是武尔夫觉得这次的食物简直是美味极了。以前他认为吃饭仅仅是一种身体需要,而现在在他看来是一种享受和幸福的交融。

吃过饭后,武尔夫躺在床上休息,满脑中都是朱丽叶的笑脸。他闭上眼睛,任凭思绪尽情地流淌。

发报机的声音将处在幸福中的武尔夫叫醒,他跳下床,来到发报机前,是阿布威发来的电文。阿布威让武尔夫立即去查英国新式飞机的装备和产量,然后将详细资料发给他。"他们的消息还真是灵通啊。"武尔夫看着电文自言自语。

昨天武尔夫刚在威尔逊的陪同下参观了他们最近制造出的新式飞机,通过参观武尔夫对那些飞机有一定的了解。但是武尔夫不能立即将情报发给阿布威,他要等一段时间再发,让阿布威以为他这段时间是在获取情报。想好了计划后,武尔夫给阿布威回复说他已经收到了这次任务的电文。

虽然时间不是随着人们心情而决定自己的前行速度,但是武尔夫还是觉得现在时间过得很慢。和朱丽叶在商店里见面的时间刚刚过了一天,他却感觉是过了很长的时间,迫切地期待再次见面的心情是如此的强烈,但时间似乎止步不前。

武尔夫带着"目的"在街上溜达,他希望自己想见的人会突然出现在他的眼前。于是,他每隔一段时间就会闭上眼睛,然后再满怀期待地睁开,巡视着四周,脸上的期望变成了失望。如此重复着……

身边路过的人都会向武尔夫投来惊讶不解的目光,也许有些人还会把他当作是有精神病的人一样远远地躲开。他们不知道一个人期待见到另一个人时的那种感觉和心情,这种期待可以让人做出平常不会做或者不愿意做的事情。最后,武尔夫还是失望而归。

日子就在分分秒秒当中消逝了,第三天,武尔夫决定给阿布威发送情报了,他选择在晚上将电文传给阿布威。

电文内容是英国新式飞机的装备情况,很详细,这些都是威尔逊提供给武尔夫的,至于新式飞机的产量是武尔夫经过慎重考虑后决定的,他不能说的太多,那样会让德国因有危机感而做好精密的准备。又不能说的太少,因为他们在英国不仅仅只有武尔夫一个间谍人员,容易获得的情况其他人也会知道的。

将电文发出去后,武尔夫深深地吸了一口气,心中的石头终于放下了。希望这些情报能起到一定的作用,武尔夫心里想。然后,他站起来,走到窗边,向远处望去。而身在德国的阿布威也像武尔夫一样站在窗前望着远处,他在期待着武尔夫给他发回情报,因为他们计划着要对英国机场进行新一轮的轰炸,这一次他们决定不告诉武尔夫。

当阿布威收到武尔夫发来的电文时,他那布满阴云的脸上露出了笑容。因为电文上的资料让阿布威高兴,通过电文他知道这些飞机并没有他们想象的那么精锐,数量也没有他们担心的那样多。看完电文,阿布威立即通知相关人员召开秘密会议研讨轰炸英国机场的行动计划。

武尔夫在收拾自己的房间时发现自己没有袜子穿了,于是他放下手中的衣物到商店去买袜子。商店的人不多,武尔夫直接走到摆放袜子的位置,选了两双他比较喜欢的袜子。拿着袜子往出走,被刚走进商店的人撞了一下,袜子便掉在了地上。

“对不起,对不起。”撞到武尔夫的那个人慌慌张张地说。

“没什么。”武尔夫一边说着一边弯腰拾起了掉在地上的袜子。朝那个人笑笑,走出了商店。

在街上走了没有多久,武尔夫看见一个乞丐,便准备给他一些钱。当他准备拿钱时发现带在身上的钱包没有了,武尔夫一回想,想起刚才撞到他的那个人,“一定是他,该死。”武尔夫转身又返回了商店,然而那个人早已经离去。他问了在商店里的几个人,他们都说不认识武尔夫所说的那个人。无奈,武尔夫只好放弃寻找那个小偷,他郁闷地往家走。

在走过一个路口时,武尔夫看见有一个人正从一个女人后面翻她的包。武尔夫看他很像在商店里撞到的那个人,于是便大声喊着:“小心,有小

二战浪漫曲

偷。"然后向那个人跑去。

听见有人喊小偷,那个人便向另一个方向跑。那个女人也感觉到有人动了她的包,她急忙低头看去,发现自己的包已经被割坏了。她迅速地查看自己少了什么,然后大喊起来:"有人偷了我的钱。"

武尔夫看见小偷跑了,他便加快了追赶的速度。小偷万万没有想到半路会出来一个管闲事的,他一边跑一边回头看,眼看着他们之间的距离越来越近,他不由得攥紧了握在手中的刀。武尔夫刚一抓住他,他转身恶狠狠地盯着武尔夫,手中的刀向武尔夫刺去。

见他手中有刀,武尔夫便用手中的袜子将他的刀缠住,他还是紧紧地攥着刀不松手,愤怒地吼道:"你是来找死的吧。"武尔夫用另一只手和他厮打。显然他从动作上看出了武尔夫不是普通的人,但他并没有畏惧。

"赶紧把钱拿出来还给人家,还有我的钱包也在你那吧。"武尔夫一边和他打斗一边说着。

"你见鬼去吧。"他说着趁武尔夫不注意抽出被缠住的刀,向武尔夫的腹部刺去。武尔夫情急之下用手握住了小偷手中的刀,顿时,鲜血顺着武尔夫的手指往下流。小偷见武尔夫这样不要命,腿有些发软了。这时,周围的人一起上来将他制服了。

小偷被大家抓住后,苦苦哀求,武尔夫松开手,刀子便落到了地上,他手中的鲜血还在流。"他受伤了,赶紧去医院。"人群中不知道是谁大声地说。

"把偷的钱拿出来。"武尔夫说着上前自己要去拿。这时小偷急忙将偷来的钱都拿出来了,战战兢兢地递给武尔夫,说:"下次我再也不偷了,求求你放了我吧。"

这时那个被偷的女人跑过来了,她用包朝小偷的头部打去,嘴里不停地吼着:"你还我钱。"他急忙用手护着自己的头,不断地求饶。然后几个士兵从人群中出来把小偷带走了。

武尔夫看看自己的手,这时才感觉有些疼痛,便迅速地离开了。在医院,医生给武尔夫的伤口上了药,用绷带将手指缠好了,还嘱咐武尔夫:"暂时不要过度地使用它们,以免伤口不易愈合。"医生指着武尔夫的手指说着。

"嗯,谢谢!"武尔夫看看自己的手说,然后他自己回家了。

见武尔夫的手指受伤了,威尔逊便对武尔夫说:"我给你安排了一个发报员,他下午就可以过来工作。"

"哦,不,我自己可以的,这件事情越少人知道越好。"武尔夫极力反对威尔逊的建议。

"我找的这个人很可靠,这点你放心,你只要把要发的电文内容告诉他就可以,这样你的手可以得到休息。"威尔逊认为武尔夫的担心是多余的。

"我自己可以的,你还是不要叫他来了。"武尔夫还是不同意地说。

"这件事情就这么定了,下午他就会过来。"威尔逊显然也不会轻易放弃自己的建议,他把来人的情况和武尔夫简单地说了一些,然后离开了武尔夫的房间。

下午,威尔逊安排的人按时来到了武尔夫的家里。武尔夫很客气地对他说了自己的想法,坚持不要他帮忙。最后他只好按照武尔夫的意思回去和威尔逊交差了,威尔逊只能接受武尔夫的做法了。

在这个晴朗的夜晚,武尔夫还沉浸在睡梦中,德国空军轰炸机又出现在了英国上空,炸弹准确地投向了英国比较大的几个机场。

武尔夫知道这件事情后立即去威尔逊的办公室向他说明情况。威尔逊正在整理资料,见武尔夫进来便客气地说:"请坐吧。"整理资料的手没有因武尔夫的到来而停止。

"对不起,这次他们轰炸机场的计划我完全不知道。"武尔夫没有坐下,而是快步走到威尔逊的面前,脸上带着自责的表情。

"这个不能怪你。"威尔逊看着武尔夫说。

"可是……"

此时,武尔夫不知道说什么来表达自己对这件事情的抱歉,尤其是面对威尔逊的宽容更是让武尔夫对自己的失职感到懊悔。

"这并不是你的责任,何况他们可能是有意不让你知道的。"威尔逊拍着武尔夫的肩膀,语重心长地说,眼神里充满了理解与宽容。

对于这次德国空军对英国机场的轰炸行动,英国方面已经通过潜伏在西班牙的间谍得到了行动的时间和地点,所以提前在机场布置好了防范措施。他们之所以没有动用武器反击,是想利用这次的行动让德国认为他们已经将英国机场炸毁,英国空军短时间内不会对德国进行空袭的假象。英国方面则趁此机会抓紧时间计划一场对纳粹德国进行空袭,让他们措手不及。

在对英国机场轰炸后的第二天,阿布威就给武尔夫发来电报,让他查清楚英国飞机场的损失程度。

威尔逊让武尔夫给阿布威发电报说英国要对德国机场进行轰炸,为了报复德军的轰炸行径。武尔夫不解地看着威尔逊:"真的要……"

"你放心,这是我们计划中的第一步。"威尔逊用自信的目光看着武尔夫说。

武尔夫将英国机场受损情况扩大好几倍后发给阿布威,并告诉阿布威,他获得最准确的情报:英国空军将要轰炸德国机场。

当阿布威收到武尔夫的电报时,他先是一惊,不过再对照着武尔夫发回来的英国机场损失情况，对英军即将采取的轰炸行动并没有太过重视，他认为英国方面已经对他们没有什么杀伤力了，但为了确保万无一失，阿布威还是命令机场做好防御措施。

又是一个晴朗的夜晚，英国几架轰炸机准时地从机场出发，带着那些没有多大杀伤力的炸弹向德国飞去。英国空军的这次的任务不是要准确地击中目标，而是确保在目的地投完炸弹后安全返回。

已经做好防御准备的德国士兵在第一时间就发现了英国的轰炸机，于是开始反击。由于英国空军轰炸机的目标是安全返回，所以轰炸了一阵很快"逃"回了英国。

见英国空军轰炸机狼狈地"逃跑"了，德国方面很高兴，他们以为英国空军也不过如此。为此，阿布威还专门发电称赞了武尔夫为德国所做的贡献。他们不知道，真正的轰炸行动还没有开始。

胜利总是让人高兴的，当威尔逊看到去轰炸德国的飞机安全返回时候，微笑着点燃了一根烟，似乎看到了他们计划行动胜利的那一幕。

武尔夫依旧在他的房间里默默地工作着，他的手因为没得到充足的休息，所以伤口恢复得很慢。当武尔夫给阿布威发送电文时，手指每动一下都有钻心的疼痛，但他仍坚持着，从未有所抱怨。

按照医生的忠告，今天武尔夫该去换药了，所以他早晨早早地起床，将自己的一切整理完后就出门了。他先走进一家饭馆准备吃点东西，点了自己喜欢吃的食物后，武尔夫便坐在靠着窗户的座位上等候着。

外面的气温因为有阳光的照耀还温暖一些，但是房间里却显得有点儿阴凉。还好武尔夫坐在了有窗户的位置，阳光透过玻璃窗户照进来，让他感觉很温暖。武尔夫将手放在了桌子上观看着，不知道什么时候才能将绷带拿去，手指还像以前一样灵活自如。

正想着武尔夫突然感觉窗外有人注视着他,他抬头朝窗外看去,居然是朱丽叶。她手里抱着一只鸡,站在那里一动不动地看着他。武尔夫急忙站起来,然后只见朱丽叶离开了窗户从门里进来了。"你怎么受伤了?"朱丽叶还没有走到武尔夫身边就开口了,脸上写满了焦急。

"嗯,前两天在街上遇见小偷了。"武尔夫说着示意让朱丽叶坐在他的对面。

"你们打起来了?"朱丽叶睁大眼睛说,走近座位后坐下了,将手里的鸡放在了地上。

"嗯,"武尔夫点点头,指着朱丽叶放在地上的鸡问:"你拿它们做什么?"

"哦,是农场主让我拿出来卖的,已经卖了好几只,只剩下这一只了。"朱丽叶回答着。这时武尔夫点的食物送来了,他邀请朱丽叶一起吃。朱丽叶笑着说:"我是吃过饭出来的,你自己吃吧。"

武尔夫开始吃饭了,朱丽叶看着他吃饭的样子说:"你不会是很长时间没有吃饭了吧?"

"当然不是,我觉得这些很好吃。"武尔夫说完又继续大口大口地吃起来。

吃过饭后,朱丽叶得知武尔夫要去医院换药,便主动说要和他一起去。来到医院,由于看病的人很少,所以武尔夫到那不一会儿就换好了。医生无奈地摇着头说:"你的手指一定因为没有得到休息伤口才愈合的这么慢。"

"怎么回事?"朱丽叶不明白医生的话,于是问道。

"他知道。"医生看看武尔夫说着,然后将换下来的纱布扔进了垃圾桶里。

"没事的,很快就会好了。"武尔夫看着朱丽叶笑着回答,并和医生告别后往出走。朱丽叶紧紧地跟在他后面，有些生气地说："是不是你的手指因为经常用力才不好的啊？"

"我说过了没事的，很快就好了。"武尔夫停下脚步用倔强的眼神看着朱丽叶。朱丽叶只好不再继续追问了，她将手里的鸡递给武尔夫说："你把它们拿回去吧，好好补补。"

"这怎么行？这是你给别人卖的。"武尔夫没有接。

"给你就拿着，其余的我会处理的。"朱丽叶将鸡放在武尔夫的手里说，然后她便回去了。

看着朱丽叶离开的背影，又看看拿在手里的鸡，武尔夫幸福地笑了。回到家后，武尔夫把鸡洗干净就炖上了，他从来没有吃过这么香的鸡肉。

当夜风吹起的时候，月亮在星星的拥促下登上了属于它的舞台，它们共同将黑暗照亮。英国空军轰炸机秘密地飞往德国机场，准备给他们一个意外的"惊喜"。

经过上次英国空军轰炸机不堪一击"逃跑"的事情后，德国空军对英军袭击便没有了正确的认识，他们太低估英军的实力了。

正当德国士兵放松对英军的警惕之时，英国空军轰炸机已经盘旋在了德国机场的上空了。在德军还没有做出反应的时候，炸弹已经像冰雹一样落下来了，继而是迅猛的爆炸声，燃烧的烈火点亮了整个机场上空。瞬间，寂静的黑夜变成了热闹的战场，硝烟在天空中弥漫着。

遭遇的突然空袭使德国方面损失惨重，机场上的轰炸机都遭到了不同程度的破坏。阿布威气急败坏地对手下人员发怒，可是损失已经造成，他没有任何办法来挽救，只能徒增愤怒。而威尔逊和阿布威的情况刚好相反，此刻他的内心充满了激动，他知道胜利就在不远处等着他们。

武尔夫的手指已经好得差不多了，而且最近没有和阿布威联系，空闲

时间又多了。他便想到了朱丽叶,已经有几天没有见到她了,武尔夫真的有些想念她了。于是,武尔夫决定去她所在的农场去找她。

听朱丽叶说过那个农场很大,但是当武尔夫来到这里时他还是很惊讶。农场大的一眼望不到边,成行的果树排列着,另一边是一个很大很宽敞的空地,里面没有树木,只放有一些推车、箩筐等工具。再往边上是栅栏围起来的养鸡场,里面养着数量庞大的小鸡。

武尔夫慢慢地往里面走,这时一只大黑犬狂吠着向他跑来。武尔夫急忙往回跑,眼看着黑犬的大嘴就要咬到武尔夫的腿了,"回来,皮顿。"一个声音命令道。

然后黑犬便听话的转头跑回去了,武尔夫吓得弯着腰喘着粗气,他向黑犬跑去的方向看,原来是朱丽叶。她看见武尔夫便向他走来,黑犬跟在她后面慢悠悠地走,刚才凶猛的样子荡然无存。

"哈哈,你怎么来了?"朱丽叶看着武尔夫狼狈的样子忍不住笑出了声音。

"它也太吓人了。"武尔夫喘了一口气后说,"我以前见过很多的猎犬,从没有见过像它这么大的。"

"它叫皮顿,来,皮顿,欢迎一下客人。"朱丽叶朝皮顿说,皮顿真的蹲坐在那里看着武尔夫,尾巴高兴地摇晃着,像是在欢迎武尔夫的到来。

"哈哈,它可真听你的话。"武尔夫看着皮顿站起来说,他环顾四周的果园和空地:"这里真大啊。"

还没有等朱丽叶说话,大门开了,皮顿立刻向大门奔去。"他们回来了。"朱丽叶说着也跟着向大门走。武尔夫急忙向大门望去,一辆黄色的皮卡卷着尘土开了进来,皮顿一边跟着车奔跑一边兴奋地叫着。

"来客人了?"皮卡停了下来,一个男人下车后对朱丽叶说。

"是我的一个朋友。"朱丽叶去开另一个车门并拿出了里面的东西回答道。

"你还有朋友？"一个尖酸刻薄的语气传来，接着武尔夫看见是一个穿着很华丽的女人下车了。

"哦，你好，我叫巴哈特。"男人说着向武尔夫伸出了手。

"你好，我叫塔特。"武尔夫同他握手说，同时他眼前一亮，原来是那次在参观时见到的被女人骂的那个男人。武尔夫又朝下车的女人看去，果然是骂他的那个女人。那个女人不屑地看了武尔夫一眼，对身边的朱丽叶吩咐着："把东西给我拿进房间。"然后扭动着身子离开了。

"我们进屋喝杯咖啡吧。"巴哈特热情地邀请道。

"好。"武尔夫笑着点点头，随着巴哈特进屋了。

经过短暂的交流，武尔夫才知道巴哈特是这个大农场的主人，那个不讲理的女人是他的太太，他们有一个儿子在外地上学。她看朱丽叶年轻漂亮，总是怀疑巴哈特对朱丽叶有什么企图，所以常常找些借口为难朱丽叶。

在农场门口，武尔夫把朱丽叶搂在了怀里，以示告别。美丽的朱丽叶也并没有反对，其实她也早已经爱上了这个高大威武的男人，只是一直没有机会表达罢了。

面对离别，两个人都很不舍，朱丽叶用期待的眼神看着武尔夫说："我什么时候还能再见到你？"

"只要你想见我随时可以。"武尔夫说完便亲吻了朱丽叶。

从此，两个人的感情开始迅速升温。有时候是武尔夫去农场找朱丽叶，有时候是朱丽叶出来见武尔夫，总之他们想尽一切办法利用一切能利用的机会见面。笑声和幸福在他们中间围绕，是那样的让人羡慕。

一转眼，距离他们第一次见面已经好几个月了。这一天，晴空万里，艳阳高照。武尔夫穿得又精神又帅气,他身旁站着比往日更加漂亮的朱丽叶,今天是他们结婚的日子。虽然没有很多的人参加,也没有和其他人一样豪华的新房,但是他们的婚礼却仍然充满温馨和甜蜜。

这种场面是不会少了威尔逊这个幽默的小老头的,他兴奋地在武尔夫身边转来转去,总想给自己找事情做,脸上写满了对这对新人的艳羡。巴哈特也来了,那个讨人厌的太太紧跟在丈夫的身边。朱丽叶结婚是让她最高兴不过的事情了,她认为自己又是丈夫眼中最美丽的女人了,所以今天她一改往日的挑剔与不满,笑容满面地送上她对朱丽叶的祝福。

除了来自农场的夫妇,朱丽叶再没有什么亲戚或是朋友来参加她的婚礼了,朱丽叶虽然感到有些难过,但是能和最爱的人走到一起,所有的不愉快就都可以抛之脑后,所以,她尽情地享受着这最美的时刻。

他们手牵着手望着彼此,眼中只能容下彼此,世界仿佛在这一刻静止了,只有他们,两个相爱的人。烦恼在这一刻消失,痛苦在这一刻溜走,幸福在这一刻到来。他们久久地望着,彼此的容颜都深深地印刻在对方心灵的最深处,永不褪去。

武尔夫邀请了威尔逊为他们主持婚礼。美妙的音乐声伴随着空气的流动,充斥了整个房间,撞击着每一个人的心灵。几对临时组成的舞伴在音乐声中舞动着优美的舞姿,毫无疑问,武尔夫和朱丽叶是他们当中最耀眼的一对。

一曲过后,他们开始做起了游戏,大家想借此机会让武尔夫出丑一次,但是反应机敏的武尔夫从来不上当,任凭他们使用什么招数和制造了多么隐蔽的"陷阱"。

从幸福的感觉回到现实,战争还在继续,它不会因为某一些人的意识而改变。德国又一次打了败仗,他们相信一定是有人泄露了作战计划,德军最高统帅部指示阿布威找出告密者并进行处置。阿布威首先在内部开始秘密清查,经过一一排查,可以确定背叛者不在本国。阿布威就开始怀疑告密者很可能是安插在各国的间谍中。他立即派了几个他最信任的人到他们安插间谍的国家进行秘密调查。

代号是"3289"的间谍被派到英国调查此事,阿布威发电文要求武尔夫协助"3289"完成任务。

婚礼将近晚上才结束,等来参加者纷纷散去后,武尔夫才迫不及待地和朱丽叶说:"我出去一下,马上就回来。"

"有什么事情吗?"朱丽叶睁大眼睛问,她并不知道自己的丈夫究竟要去做什么。

武尔夫故作没事的样子走到朱丽叶面前说:"放心,没有事情,我只是想起来刚才忘记告诉威尔逊那个老头回去别忘记吃药,他今天喝了很多酒,所以……"

"哦,你去吧,早些回来。"朱丽叶打断了武尔夫的话说。

"嗯。"武尔夫亲吻了朱丽叶后转身开门,然后又想起了什么似的说:"如果我回来的晚些你别担心,肯定是那老头缠着我陪他。"

见朱丽叶不安地点点头后,武尔夫便开门离去了。他没有下楼,而是往楼上走,因为他的发报机在他和朱丽叶新房的楼上。刚才武尔夫就感到自己的心里有些事情,他猜想是阿布威给他发电报了,但是他一直没有机会离开,所以大家都离开后他便立即上来查看一下。

当武尔夫来到发报机前时他看到了那份电文,是两个小时之前发过来的,武尔夫急忙坐下来开始破译。电文上说让武尔夫今晚和"3289"见面,给他安排在英国安全停留的地方并协助他完成任务。

看完电文,武尔夫一下子愣在了那里,今天是他结婚的日子,却不能陪

二战浪漫曲

在朱丽叶的身边,这是多么痛苦的事情啊。但是武尔夫没有选择,他站起来走出新房,向威尔逊家走去。战争就是命令,容不得他因为自己的私事而耽误,哪怕是一生只有一次的婚礼。

从威尔逊那里出来后,武尔夫直奔机场。当武尔夫到达预定地点时,"3289"所乘的飞机还没有降落,武尔夫便找了一个地方坐下来。心里想着此时朱丽叶是什么样的心情,希望她不要生气才好,远处轰隆隆的声音打断了武尔夫的思绪,他抬头望去,只见一架飞机缓慢地降落。

飞机降落后,武尔夫走近舱门,按照阿布威告诉他的信息寻找着他要接的人。很快目标出现了,武尔夫便走进目标的附近,他们将暗号都对上后,武尔夫便领着"3289"来到了一个破旧的旅馆。

"我们就住在这里吗?""3289"很惊讶地看着他们所在的房间,明显是对这个房间的环境不满意。

"是啊,住在别的地方容易引起怀疑,而且我们也没有什么钱,我在这里一直是这样生活的。"武尔夫很自然地说,这是他希望看到的,因为他想让"3289"知道他在这里过着怎样的生活,同时也是为了让他尽快厌倦这里的生活,早日返回德国。

独自一人呆在房间里的朱丽叶对武尔夫很是不理解,他怎么能让她自己留在房间里呢?朱丽叶心里开始觉得武尔夫不是真心喜欢她了。幸好第二天早晨威尔逊来看望朱丽叶了。

听见敲门声,朱丽叶以为是武尔夫回来了,带着满心欢喜去开门,然而她由欢喜变成了惊讶:"您——您怎么来了?"

"我能进去吗?"威尔逊指着房间里面说。

"哦,进来吧。"朱丽叶把门开大了后说,心中充满了疑惑。

"武尔夫昨天去我那里了,我有一件很重要的事情需要他帮我做,所以我感到非常抱歉。"威尔逊看着朱丽叶平静地说。他以为朱丽叶会问他武尔夫去哪里了，做什么事情，但是出乎他的意料。

"哦。"朱丽叶只是答应了一声，没有再说什么。默默地站在那里，眼神发直，心里在想着什么事情。

"你放心，武尔夫帮我办完事情后立即就会回来。"威尔逊看着朱丽叶接着说道，希望自己的话可以让她安心。

威尔逊离开后，房间里又剩下朱丽叶一人，她彻底地生气了。面对着空旷的房间，朱丽叶不知道自己能干些什么，简单地吃了一点儿东西后就上床睡觉了，也许睡觉是她现在最想做的事情。

"3289"没怎么休息就开始着手调查，他希望早点完成任务然后回去，不想在这里吃这种苦。他将德国在英国的间谍的名单拿出来给武尔夫看，武尔夫牢牢地将名单上的人员记下了，他要找个机会把这些告诉威尔逊。

他们先从最有可能的人身上开始调查了。晚上"3289"可能是因为吃了一些有问题的食物，突然说肚子不舒服，武尔夫便趁给他买药的机会去找威尔逊了。

见到威尔逊后，武尔夫急忙将目前的情况和德国在英国的间谍名单告诉他。威尔逊让武尔夫按照先前的计划行动。最后武尔夫向威尔逊开口问了关于朱丽叶的事情，威尔逊对他说："你就放心吧，我一定会让她安心地等你回来。"

"嗯，谢谢！"武尔夫说完急忙离开了。

很快，在威尔逊的安排下，武尔夫和"3289""发现"安插在这里还不到半年的一个女间谍和英国一个军官来往很密切，她经常向组织发回情报说自己在这里还没有做好关系，而且发回去的一些情报都是无关紧要的。"3289"急切想离开这里，便立即下了结论，认为这个女间谍就是背叛者，于是他们把全部的注意力集中在这个女间谍身上,期望能获得更多的证据。

威尔逊为他们准备好了他们想要的证据,"3289"还以为是他自己查出来的,非常兴奋地把查出的证据发给了阿布威。阿布威接到电文后,极其愤怒地给"3289"下达了命令,将背叛者处理掉。

深夜,世间万物都在宁静中睡着了,武尔夫和"3289"趁着夜深人静的时候行动了。他们早已掌握了女间谍安身的地方,也知道今天这个时间她会从外面回来,所以他们在不远处盯着门口。

不久,一辆汽车在武尔夫他们附近停下了,然后他们见到那个女间谍下了车,和车上的人告别后汽车开走了。那个女间谍转身向住所走去,这时,她还不知道怎么回事,身体就被射进两颗子弹,然后她缓缓地倒下了。武尔夫和"3289"看看四处无人便走到女间谍的身边,只见鲜血不断地从弹孔处流出来。

"我们把她埋了吧,再怎么说我们也是来自同一个国家。"看着她还没有闭上的双目,武尔夫有些哽咽地说。

"好,我们尽快把她埋掉,然后我就可以回国了。""3289"迫不及待地说,好像他回国才是最重要的事情。

两人迅速地把尸体埋在了附近的树下,又在上面盖了一些树枝,这样这个地方看起来很乱,没有人愿意走近。

当天晚上,"3289"坐飞机离开了英国。武尔夫便去找威尔逊,将全部情况向他说明后才回自己的家。在路上,武尔夫就在预测着朱丽叶见到他会是怎样的表情?她会在家里等着他回去吗?希望见到他吗?

敲了两下门,没有反应,武尔夫便使劲推了一下,然后门开了。他带着疑惑慢慢地走进去,只见朱丽叶躺在床上睡着了。武尔夫给她盖好了被子,然后自己洗漱后也上床睡觉了。

战争依然在继续,战场上或胜或负的消息不断地传回来,人们依旧过着担惊受怕的日子。在历史的关键时刻,双方都绷紧了神经,一子落错,满盘皆输。或许是同盟国看到了胜利的希望,他们越战越勇,渐渐地占了上风。

虽然武尔夫在英国结婚了,但是知道的人很少。武尔夫的真实身份一直没有告诉朱丽叶,他常常趁着朱丽叶熟睡的时候上楼去工作,然后再神不知鬼不觉地回去睡觉,这样便一直没有引起朱丽叶的怀疑。

时光飞逝,武尔夫和朱丽叶已经结婚一年了,此时,朱丽叶已经怀有八个月的身孕了。这天早上,武尔夫还没有睡醒就被朱丽叶叫起来了。原来是朱丽叶感觉身体不适,她对武尔夫说:"可能是孩子要出世了。"

"我们赶紧去医院吧。"武尔夫说着开始迅速地穿衣服,然后扶着朱丽叶下楼去医院了。

一个胖胖的男婴在大家的期待中出生了,他和武尔夫长得一样,简直就是小时候的武尔夫:一头金发和一对碧蓝色的眸子,粉白色的小脸柔嫩嫩的,非常招人喜欢。

看着这个刚出生的小生命,武尔夫有点儿不知所措,他似乎不相信这是真的,用手掐了掐自己的脸,不是梦。他看着朱丽叶激动地说:"我有儿子了,我真的做了父亲。"

朱丽叶看着躺在自己身边熟睡的婴儿,带着微笑虚弱地点点头,接着被武尔夫紧紧地拥抱在怀里。

晚上,武尔夫把这个消息告诉了阿布威,阿布威给他发电文表示祝贺。阿布威以为孩子的母亲是武尔夫曾经和他说过的那个女友,他不知道那个女友是武尔夫在威尔逊的帮助下编造出来的。阿布威曾经派人去查过武尔夫所说的女友,而他们查到的都是威尔逊早已经安排的,所以,武尔夫一直都没有引起阿布威的怀疑。

现在有了儿子,武尔夫就很少出去溜达了,时时刻刻都希望陪在儿子身边,看着他那可爱的模样。他常常对她们母子俩说自己小时候的事情。

"他这么小怎么能听懂你说的话呢?"朱丽叶笑着看着他们,心里充满了幸福。

"他会懂的。"武尔夫执着地说。他盯着他的儿子,"是不是呀,我的宝贝。"

朱丽叶无奈地摇摇头,继续做她的事情。房间里充满了他们父子的笑声,似乎外面的一切都不能影响到他们。

阿布威给武尔夫发电,让他调查有关英国军舰的制造计划。德国现在开始着重关注海上作战,所以他们急切想知道英国的军舰情况以便做出下一步的作战计划。

在回复电文时,武尔夫故意拖延时间,告诉阿布威英国军舰方面情报很难获得。他最近刚刚认识一个海军军官,但是就目前的情况还不能从他那里获取情报,需要时间进行周密安排。阿布威同意武尔夫的请求,没有给他时间限制,只是要他尽快将情报发回去。

武尔夫顺便问了一下他家里的情况,但是阿布威没有回答。难道是家里发生了什么事情吗?武尔夫顿时觉得心里很难受。他去找威尔逊商量,威尔逊同意武尔夫回家看看,但是不能去见阿布威,也不能让组织里的人知道他回去了。

辗转登上了回国的飞机,武尔夫心里好受一些了,他用期待的眼神望着窗外,希望现在马上就能见到家人。当飞机在高空飞行时,一直晴朗的天瞬间乌云密布,接着便是电闪雷鸣,风雨交加,此时,飞机已有些失控,飞机上的人员陷入了极度的恐慌中。他们挣扎着要站起来,一些女人甚至哭喊起来,埋怨那些让她们坐飞机的人,机上的工作人员在极力地维护着混乱的秩序,虽然他们也都面色惨白、声音颤抖。武尔夫两只手紧紧地抓着身边的扶手,此刻他比任何时候都害怕死亡,因为他有太多的牵挂。

以前,武尔夫对死亡只是一个简单的概念,而现在他深深地体会到了人面临死亡的那一刻是多么想要活下来的迫切心情。此时,武尔夫想到了他刚刚出生的儿子和他那幸福的家庭,悲痛之情无以复加。

飞机开始倾斜了,女人们的尖叫声更加刺耳了,武尔夫已经听不见飞机上工作人员指导人们如何做好安全措施的声音。机身和机翼撞击气流的发出的震耳欲聋的响声震慑住了所有的人,随着飞机失控,机上的人员也失去了平衡,武尔夫被撞到了一个座位旁,由于强烈的碰撞,他感觉胳膊像折断了一样的疼痛,此时,他脑子都是儿子那可爱的样子 。

大约过了十分钟,情况开始渐渐好转,武尔夫觉得飞机比先前平稳了许多,然后便听到机上工作人员的声音:飞机要紧急降落,请大家做好准备,注意安全。

一听说飞机要降落,大家悬着的心稍微放松了一些,开始议论起来。等到飞机安全降落后,飞机内的人都兴奋地冲出了飞机,当人们又站在了地面上时都纷纷感慨道:"活着真好!"

随着人群下了飞机后,武尔夫眼睛直直地盯着前方,他没有任何时间回想刚才命悬一线的时刻,因为前面不远处一个女人引起了他的注意。"怎么可能? 一定不是她……"

武尔夫努力地说服自己,他摇着头不相信自己的眼睛。这时武尔夫身边的人在庆祝安全着陆,欢呼声引来对面的那个女人向武尔夫这里看,然后她也不再看其他了,只是呆呆地看着武尔夫。四目对视,曾经的一切开始在他们脑中迅速的涌现出,带着甜蜜,带着伤感。武尔夫不由自主地走过去……

这个女人正是武尔夫年轻时候的恋人——加斯迪。他来到加斯迪的身边,激动地和她拥抱,不知是因为自己刚刚经历一场生死还是因为见到了他最想看见的人,武尔夫的泪水滴在了加斯迪的肩上。

"你怎么在这里?这么长时间你去了哪里?"武尔夫显得很平静,心里却如汹涌的波涛在翻滚着。

"我们回瑞士,由于天气情况飞机临时在这里降落了。"加斯迪依然还是那么美丽 ,在她脸上看不到岁月留下的痕迹。

"回瑞士? 你们?"武尔夫吃惊地重复着。

"那是我丈夫,他是瑞士人,我们的儿子现在已经两岁了。我们一直生活在瑞士,这次回来看看我的家人。"加斯迪看着另一个方向说。只见那里是一个男人在哄着一个小孩,小孩在他搞笑的动作下发出了嫩嫩的笑声。

"你有一个幸福的家。"武尔夫看着那对玩耍的父子说。

聊了一会儿,加斯迪突然幽幽地问:"那天你为什么没有留下任何消息就离开了?"她看着武尔夫的眼睛,想知道这个埋藏在内心里许多年的问题。

"什么?"武尔夫眼神又落在了加斯迪的脸上。

"就是我生日聚会的那次,第二天早上醒来发现你离开了,他们都不知道你去了哪里。"加斯迪说。

"我给你那张放在客厅桌子上的纸条里面不是写着 '我有急事先回学校了'吗? 你没有看到那张纸条吗? 纸条上面写着你的名字啊。"武尔夫睁大眼睛吃惊地问,他不知道原来加斯迪没有看过自己的留言。

"桌子上什么都没有啊? 而且我问了他们,他们都没有说见到你的留言啊? "加斯迪也很吃惊,她不知道原来武尔夫给她留言了。

"赫尔,一定是赫尔拿走了我写给你的留言条,因为他喜欢你,他不希望你看见我给你写的信,该死的家伙。"武尔夫立即想到是赫尔拿走了他的留言条,气的两手攥紧了拳头,恨不得把他抓来狠狠地打一顿。

停了片刻后,加斯迪平静地说:"也许——也许是我们没有缘分吧。"

看着加斯迪坦然接受现实的样子,武尔夫觉得很欣慰。虽然他们没有走到一起,但是他们现在彼此生活得都很幸福,也没有什么值得埋怨的了。后来武尔夫又将自己的家庭情况告诉了加斯迪,当加斯迪听说武尔夫也有一个儿子的时候开心地笑了。

在短暂的停留之后,武尔夫乘坐的飞机又一次起飞了……

武尔夫见到家里的一切都很好后便没有停留很长时间,又迅速地返回英国。见到威尔逊后武尔夫把自己在飞机上经历的事情都和他说了,威尔逊拍着武尔夫的肩膀说:"你捡回了一条命。"

"这是我给你准备的有关英国军舰的详细情况,你可以发给阿布威。"威尔逊将资料递给武尔夫说。

回到家,武尔夫没有先进屋去看儿子,而是直接来到楼上立即把有关英国军舰的资料发给阿布威。做完这一切后,武尔夫才去见他的妻子和儿子。

阴冷的冬天过去了,春天便随之而来。1945 年,第二次世界大战以同盟国的胜利而告终。

面对目前的情况和自己的选择,武尔夫对没有遗憾,但心里仍觉对祖国却存有一丝歉意,所以,在战争结束以后,他选择继续留在英国生活。

没有战争,没有痛苦,没有任务,只有责任。在英国,武尔夫继续过着他幸福的生活。

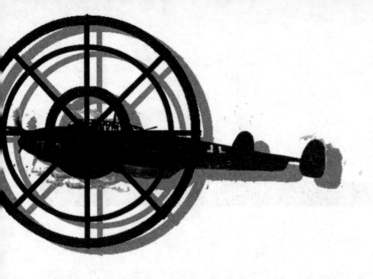

努尔·艾娜雅特·汗

努尔·艾娜雅特·汗

在战争中,间谍的作用有时是大于军队的。间谍潜入对方阵营,神不知鬼不觉地打探到对方的作战计划之后,就可以自如地调兵遣将,做好一切应战的措施,这就是间谍的功用所在。然而,你死我活的真刀真枪背后,虚虚实实的尔虞我诈同样充满了危险,处在暗处的间谍貌似隐秘,实际上却时刻有暴露在光天化日下的危险,暴露即死,这是对背叛者和告密者的惩罚。所以,选择间谍的道路,就等于是用自己的生命与魔鬼做赌注,换取他们对国家的忠诚与热爱,或者得到那"万能"的金钱。

努尔·艾娜雅特·汗是一个降生在印度,有着王室血统、出身高贵的印度公主。天生丽质、楚楚动人的努尔本应该过着无忧无虑的公主生活。但是造化是如此弄人:一个原本高高在上的公主,却因为家族斗争、世界动乱以及其他错综复杂的原因,被无情地卷入战争中,走上了一条不归的间谍之路。

"她只能是一个好看的花瓶,并不适合当一名潜伏在敌人内部,如同幽灵一样的间谍。"这是负责训练努尔间谍本领的教官对她的评价。事实也正如这位教官所说的那样,缺乏生活阅历的努尔虽然接受了一定的间谍训练,但是她惨淡的业绩却让教官为之头疼。她的整个职业生涯大部分是作为一个低级别的无线电发报员,但哪怕是这样一个低级别的职位她也不能完全胜任。

坦白地讲,作为间谍,努尔的业务能力和职业生涯的贡献远不能和其他随机应变,足智多谋,依靠多种手段窃取重要情报的同行相提并论。她短暂的间谍生涯错误百出，令人啼笑皆非，可能是史上最蹩脚的间谍。

与其他美女间谍利用美色骗取情报不同，努尔·艾娜雅特·汗玉洁冰清，保留着东方女性特有的操守。从为数不多的照片中，我们还可以清楚地看到她那清澈的眼神，充满童真的微笑，那懵懂的青春。努尔那超越凡尘的美貌，王室生活所熏陶出的优雅气质，自尊与自爱，对真爱的不懈追求和执着坚守犹如玫瑰的花朵般艳丽和芳香；她那面对危险的大义凛然，宁折不弯的高傲气节，慷慨赴死的豪迈气概，仿佛玫瑰的刺一样，即使再微小，再软弱，也不允许外界有任何侵犯和亵渎。因此，她也被誉为间谍史上最高贵的女间谍。

努尔六岁时，全家来到了法国，在巴黎近郊的村庄中居住。

就定居地点，努尔的父母进行了一番激烈的争论。从小接受西方名媛教育的努尔母亲向往大城市的名流生活，而努尔的父亲却对此持反对意见，"西方人有着浓重的民族优越感，在上流社会印度贵族未必得到重视。况且，印度人都是有着土地情结的。在印度人的脑子里，土地是最重要的财产，离开土地就一无所有，听我的，在乡村定居，就这样决定了。"

于是父亲变卖了在印度的财产，在巴黎郊外买下一片庄园，成为农场主。努尔也不再是印度的公主，变成了法国的地主小姐。

村庄里环境清静平和，风和日暖，屋舍俨然，连空气中都充满花草的芳香。村庄里的人大多是以种地为生的农民。民风淳朴善良，努尔一家在这里得到热情的拥戴。

也许是亲近自然少了世俗的羁绊，少了家族斗争的残酷，少了民族压迫的痛苦，努尔父亲获得了从来没有过的清净。他仔细经营着农场，获得了岸芷汀兰郁郁青青的田园之乐。

尽管身在这样的世外桃源，生活是如此安逸，努尔的父亲仍然为印度局势忧心忡忡。

成长环境的变迁，社会条件的优化为努尔带来了快乐的童年。在印度，努尔从小就要接受贵族礼仪教育。如何说话，如何笑，如何走路，甚至如何睡觉都有着严格的要求，这样让努尔感到深深地厌倦。每天，努尔都要一遍又一遍地重复她学到的礼仪，有丝毫不对都要遭到父亲的呵斥。她的自由受到限制，每天的生活是父母安排好的，而且不能走出王宫。

到了法国，情况完全不一样了。她不会再因为自己是一个贵族小姐而与平民的接触完全被隔离，她可以像一个普通孩子一样和伙伴们一起读书、玩耍，交流着新奇的事情，放下千金小姐的作态生气时大哭大叫；也和其他人一样去教堂祈祷，唱赞歌，期待圣诞节得到的礼物。

努尔继承了家族的高贵血统，但她的接受能力很难让人恭维，常常心不在焉，将老师传授的知识瞬间遗忘。作为高贵女性的必修课，音乐教育对努尔来说简直是一场磨难。她的老师认为她在上音乐课时心灵是徘徊在旋律和琴键之外的。不断地走神使她很难完成一个完整的旋律，而且糟糕的记忆会让她几个星期的努力付之东流。好在，成年后的努尔仍然能够熟练地弹奏吉他和拉提琴，这不能不说是一个奇迹。尽管努尔继承了大半的印度血统，但她在法语和英语上的天赋却远超常人，无论是语法还是词汇，她都能灵活地运用，而且她在中学时的听说和阅读水平就已接近成人了。

贵族家庭的娇生惯养是不可避免的。母亲每天最重要的工作就是打扮这个漂亮的女儿，命令厨师做符合女儿口味的饭菜，对女儿进行西方式的家庭教育。努尔是任性的，她会为饭菜是否可口而挑挑拣拣，会为泥土弄脏衣服而哭哭啼啼，会把礼仪教育当成繁文缛节加以抵制，会因为平民家孩子身上的气味而讨厌上学。

在这样的环境中，努尔一天天成长起来。

二
战
浪
漫
曲

随着时间的流逝,努尔出落的越发迷人,而爱慕往往与美貌相伴。在学校里,努尔依然是"公主",总是成为男孩子话题的中心:她的家庭背景私下里被反复提及;她的容貌被反复讨论用什么词形容最合适;她的一个眼神会被谈论好几天,大家在猜测哪个幸运的家伙能得到她的眉目传情;甚至她的任性也成为她个人魅力的一部分。

法国并不是世外桃源,不会永远风平浪静。第一次世界大战的创伤没有完全抹平,在经历了 1929、1930 的短暂繁荣后,法国也不可避免地陷入了资本主义的经济危机之中。德国停止支付赔款,英国放弃了固守金本位的货币政策,法国外贸和旅游业受到重创,大量的失业人口让政府不堪重负,毕业的学生又很快加入了失业大军。

努尔一家也没有在经济危机中幸免。农村土地兼并严重,农业原料价格上涨,农产品销路不畅,农民负担加重。努尔家的农场经营状况开始恶化,财产不断萎缩。不久,由于对民族命运的操劳,对残酷现实的不满,加之身体本来不好,努尔的父亲去世了。母亲和努尔一起迁到了巴黎市区,过上了市民生活。

巴黎市区的繁华让努尔大开眼界。美轮美奂的卢浮宫,气势恢宏的凯旋门,高耸入云的埃菲尔铁塔,灯火辉煌的香榭丽舍大道都给努尔留下了深刻的印象,她深深爱上了巴黎。

她像一个公主游历在童话世界,整日逛街游玩,出入高档场所,每每遇到新鲜的人和事都令她惊喜不已。

时光流逝,岁月如梭,努尔出落成亭亭玉立的大姑娘了,开始憧憬美好的爱情。她对社会的满目疮痍,勾心斗角视而不见,守护着少女特有的曼妙的心灵世界,爱情之花含苞待放。她遇见了生命中的伴侣——贝恩。可是好景不长,不久后第二次世界大战爆发了。

努尔为了追寻贝恩的脚步响应军队号召，主动报名参军。事实上也是为了往后可能有更多的机会得到贝恩的消息，甚至还可能见到他本人，这是努尔现在的唯一追求。果然，努尔很顺利地被军方录取了。就这样，她穿上军服，成为天堂鸟飞行大队的一名翻译，她在这里认识了最好的朋友怀特，也开始了劳苦的军旅生涯。

当时战争进行得非常激烈，军旅生活节奏快，工作量大。努尔也在慢慢适应。每天，指挥部都会发放大量的文件要求努尔翻译，不时地还有外国军事人员的交流和访问，努尔充当口译员。有时候，工作量大，努尔甚至需要夜以继日地工作，但她还是咬牙挺过来了。这段军旅生活磨练了努尔的意志，努尔也渐渐懂得责任和荣誉对军人意味着什么。但努尔的军旅生涯并不是一帆风顺，很快，她就遇到了麻烦。

不久前，空军在执行一次对德国军事基地的袭击中，遭到防空炮火的密集射击，任务失败，军部十分不满，要追究责任。所有参与这次作战计划的人员都要受到调查，而努尔也被牵涉其中。

天堂鸟飞行大队指挥部的罗宾逊中校找到努尔训话："你知道你做错了什么吗？"

"对不起，先生，我不知道。"努尔答道。

"好，我告诉你。你在翻译来自法国的情报时，将德国驻法国北部的军事基地的防空力量标识错误。你看，你将德国高射炮的数量少写一个零，结果上面低估了德军的防空能力，直接导致战斗的失败，这个后果非常严重。"

"竟然有这种错误，可能是我当时马虎了。"努尔一脸无辜地说。

"马虎，这一点马虎可能要了许多人的命，你要为这次失利负全责。"罗宾逊咆哮道。

"可是，先生，翻译出错是很正常的事啊，没有任何规定严禁翻译时出现失误。"

"可现在是在打仗，会有很多人流血牺牲，所以作战的每一个环节都意义重大。即使作为一个翻译也要为每一句话，甚至每一个词负责。还有我再提醒你一点，你现在已经是一名军人了，担负着神圣职责，这一点你必须记清楚。"

"长官，我知道了，但是让我负全责这不公平。情报要全面汇总核查，经过很多环节，战斗失利并不仅是我的一个失误引起的。别人的过失也要我一个人背黑锅，先生你觉得合适吗？"努尔反问道。

"努尔，你在顶嘴，你竟然敢这样和长官讲话。"罗宾逊面部肌肉明显抽动了一下，他的样子着实让人感到可怕。

"可是，长官，我觉得我说的有道理，甚至这件事上你也有不可推卸的责任，难道不是么。"努尔激动起来，她被罗宾逊中校的以大压小，傲慢无礼惹火了。

"我从来没有见过像你这样不尊重上级的下属。好吧，我不能心慈手软了。你要被记大过处理，还有，你需要写一份检讨书给我。现在，你立刻出去，我不想见到你。"

努尔狠狠瞪了罗宾逊一眼，气呼呼地走了。

难道向一个傲慢无礼的家伙低头？坚决不。努尔使起了性子，迟迟没有给罗宾逊写检讨书，并且一度想离开这里。

很快，这件事被怀特知道了，他为努尔感到担心。于是，怀特来到罗宾逊那里，打算为努尔求情。

罗宾逊看着怀特，大声呵斥道："我早就看出来，你对那个姑娘有意思。怀特少校请记住，你是军人，不能感情用事。"

二战情报战

怀特低声说道："中校先生，努尔还是一个不谙世事的小姑娘，请你不要和她一般计较。我会劝她向你道歉的，以后请不要再难为她了。"

"好，"罗宾逊声音放缓下来："看在你的面上，我可以手下留情，但是检讨书她必须写。"

"我代努尔向中校表示感谢。"怀特感激地说。

怀特找到努尔，将罗宾逊中校的话重复给努尔。

努尔说道："那个家伙蛮不讲理，不尊重人，我十分讨厌他，我不会向这种人写检讨的。"

怀特说："罗宾逊中校处事认真，指挥有方，应该是你看人的眼光不是很成熟。"

"但是他以大欺小，向我推卸责任，这不公平。"努尔愤愤不平地说。

"这不奇怪，下属为上级背黑锅是很正常的事，还有人为此送掉性命。只是你在军队的时间太短，对很多情况都不是很了解。"

"什么，军队竟然是这个样子。"

"不仅如此，"怀特接着说："还有些长官克扣粮饷，体罚士兵，甚至为了个人私利向敌方出卖情报。"

努尔大吃一惊，以往军人在她脑海中的完美形象瞬间破灭了，她开始为来到这里而后悔了。

怀特注意到努尔惊讶的表情，觉得自己有点说过了，就补充道："当然，那些都是个别人，大多数军人都是克己奉公，严守军纪的。"

努尔叹了一口气，说道："我过去把军人想得过于理想化了。说句实话，这里的军人情感冷漠，表情麻木，还有一点冷血，我不想在这里呆下去了。"

"其实，努尔，如果你去其他部队，也许你会发现还不如这里。"怀特顿了一下，说道："话说得有点远，你还是向罗宾逊中校写一份检讨吧。"

努尔答应了。尽管不是发自内心的道歉,努尔还是写了一封让罗宾逊中校满意的检讨书,承认了自己的过失,并表态以后的工作会更加认真。

努尔确实也履行诺言了,在很长一段时间内她的确没有犯错,而且业绩出色,得到了罗宾逊中校的肯定。

在部队作为翻译的日子里,努尔还是没有放弃找到贝恩的希望,在和部队高官的短暂接触中,努尔总是尝试了解更多军情六处的情况。当然,她也打探到一些消息,但这些消息也是少的可怜,大多时候,她都会吃到闭门羹。

一个机会又摆在努尔面前了。英国皇家空军特别行动署急需打入到敌后的特工,行动地点是在被德国占领的法国境内。由于行动地点主要在法国,因此这样的特工需要对法国的环境非常了解,并能够讲一口流利的法语,以便与当地法国抵抗组织联系,加强和盟国谍报人员的合作,同时不会引起德国军方的怀疑。由于努尔出色的语言素质,多年法国生活的独特背景,努尔被英国皇家空军特别行动署招募为特工,从此开始了为盟军服务的间谍生涯。

努尔得到消息后兴奋异常,她的能力得到上级的承认,职位也提高了,同时因为英国皇家空军特别行动署的驻地离军情六处不远,她还有机会到那里了解贝恩的情况。

罗宾逊中校为努尔摆了宴席送行,称赞了努尔这段时间的表现,并为努尔的晋升感到高兴。怀特也参加了宴席。看到努尔兴奋的表情,他也深受感染。但想到努尔马上就要离开这里,以后很难再和她见面了,不免有些伤心。

努尔离开的那一天,和怀特做了话别。怀特强忍住泪水,这可能是他最伤心的时刻了。好在,努尔并没有发觉怀特异样的表情,她再次对怀特表示感谢。最后,怀特对努尔说:"如果以后你需要帮助的话,可以随时来找我。另外,你和贝恩走在一起后,举行婚礼时一定要邀请我参加,我一定要喝杯喜酒的。"努尔高兴地答应了。

经过短暂的路程,努尔来到伦敦,加入了英国皇家空军特别行动署。

在填写个人档案时,努尔发现这里的要求极为严格,填写的表章有密密麻麻的方格和选项,还像小册子那样厚,而且有些问题十分奇怪,让努尔摸不到头脑。仅仅办理加入英国皇家空军特别行动署的手续,努尔就用了一天的时间。

这个陌生的地方也令努尔很不习惯。这里很多人走动时脚步匆匆,时而会四处张望,似乎害怕有人会跟踪。而且,还有人用面纱或压低的帽檐故意将自己的面容隐藏起来。更令努尔感到奇怪的是,这里的人之间很少打招呼,也很少听见他们彼此交谈。

英国皇家空军特别行动署尽管名义上招努尔为翻译,但是努尔报到后并没有安排文件要求努尔翻译,也没有和翻译职位相符的工作安排。这让努尔感到越发奇怪。

努尔在英国皇家空军特别行动署沉闷的环境中清闲地过了几天。这一天,上级下发任务了,努尔被叫到一个僻静的屋子,站在她面前的是一名中年军官,整洁笔挺的着装,白净的脸庞,两眼放出的光令人不寒而栗。

"您就是努尔小姐吧。"军官问道。

"是的先生。"努尔回答道。

"我是里德教官,现在由我对你负责。"军官说道:"好的,现在我先把上级的安排告诉你。所谓的翻译,其实只是一个幌子,我们真正对你安排的工作是特工,也就是敌人眼中的间谍。你愿意接受这个工作么?"

"间谍。"努尔看着教官,疑惑地嘟囔了一句。努尔在文学阅读中接触过这个概念,但是他们的故事经过了文学的美化,和真实的间谍生涯是脱节的,努尔还没有清楚地认识到这一点,她还曾被书上那些精彩离奇的情节陶醉过。

"间谍是做什么的？"努尔小声问道。

"间谍的种类繁多,任务复杂,用一句话来说就是打入敌人内部,获取情报。"军官反问道:"现在你明白了吧。"

努尔会意地点点头。

"现在,你来回答我,你愿意接受我们交给你的任务么？"

这时,贝恩的身影浮现在努尔的面前。努尔心里想着:贝恩就是一名特工,如果我做特工的话,那么我们就是同行,从事同一种工作,在一起的时间就会更长。如果能够作为搭档完成一个任务的话,那就很好了。

"那好吧,我愿意作为特工。"努尔十分肯定地回答。

"如果作为特工,待遇将会很优厚。执行任务期间组织将会提供完成任务所需的大量活动经费。只要是任务需要的,包括洋房,跑车等各种名目的奢侈品都可以满足。任务完成后,国家会授予特工崇高的荣誉,还有许多特工被视为是国家的英雄。国家会精心安排特工未来的生活,最大程度地满足特工的需要。这类人从此以后就会过上令人羡慕的衣食无忧的生活。"

"先生,那些美妙的事情我并不是非常感兴趣的,我觉得自己能够为早日结束战争做点什么就足够了。先生,我还有一个要求,您能帮助我么。"

"请讲吧,如果我能够做到的我一定尽力去做。"

"我想知道军情六处的特工贝恩的下落,我是他的——"说到这,努尔想一想,最后咬牙说道:"我是他的未婚妻。"

努尔的话让里德感到吃惊,他点点头,说道:"这件事我可以帮助你,你就等一等吧。"努尔开心地笑了。

事实上证明,努尔在被招募为间谍的这件事情上处理得过于草率。她对间谍工作的困难与艰险认识不足,对间谍生涯设想得过于天真,而且她本身也没有其他特工那样随机应变的灵活头脑和洞察人情的处世哲学，种种因素都成为了她悲惨结局的诱因。她看到的是特工的崇高荣誉，结束战争减少流血的神圣使命，当然还有和心上人贝恩接近的机会；她没看到的是特工的身心要饱受命运的摧残，为了完成任务要付出高昂的代价，甚至要作为牺牲品被战争机器吞噬掉。

经过几天的适应之后，努尔的间谍生涯也正式开始了。努尔被上级告知她的真名努尔·艾娜雅特·汗要被废用，取而代之的是"玛德琳"的化名，连之前的档案也要被严格修改，好像以往的人生被颠覆后而又重新开始了一样。

名字的修改对努尔来说是一个不小的打击。她的父亲一再说过："姓名代表家族的荣誉。汗家族在印度是有声望的家族，每个家族成员（Khan）都要为自己的姓氏感到自豪。"尽管父亲的话还依稀在耳畔回响，但在上级的严格要求之下，努尔只好低头了。

除此之外，每天的生活安排要遵照上级提前制定的计划表，个人支配时间极为有限，这让努尔有些厌倦情绪。

这个阶段，是特工培训的初期，首先是给培训人员介绍战争的目前形势和组织的任务。这里的培训人员要看大量的幻灯片，教官要像历史老师一样按年月日详细解释战争的进程，还要求学员根据自己掌握的情况分析战争的走势，以做卷的形式考核学员学习的成果。

作为古往今来间谍培训的传统，对特工人员进行的强大政治宣传是培训课程的重要部分。英国皇家空军特别行动署几乎每一天都要用幻灯片的方式讲述德国军队的残暴行径，例如残害无辜的百姓，奸淫妇女，虐杀战俘等，无不让在座的分子对德国法西斯恨之入骨。与之形成鲜明对比的，是盟国军队的坚强勇敢，英雄辈出，拯救无辜百姓于水火之中。最后，教官号召在座各位以英雄人物为榜样，并发誓为大英帝国的尊严与荣誉奉献自己的一切。

这段日子努尔过得像一个接受教育的大学生。不谙世事的努尔轻信了英国皇家空军特别行动署的政治宣传,她为自己的工作感到光荣,为即将接受的任务感到兴奋,甚至走路时挺胸抬头器宇轩昂的神情像一个享有崇高荣誉的军官。这时,她可能忽视了未来的危险,仅仅陶醉在不切实际的幻想中。

里德军官确实履行了向努尔的承诺。他和军情六处的高官做了多次沟通。在经过上级的层层批准后,他得到了特工贝恩的资料,以文件的形式交给努尔观看。

努尔怀着激动和不安的心情仔细阅读了文件。这份文件比之于先前努尔从怀特手中得到的文件,对贝恩的介绍要更加详实。

这份文件主要介绍了贝恩的间谍工作。大致内容是从 1937 年开始,贝恩主要任务是在法德边境一带监视德国军队动态。他的掩饰身份是商人,可以获得和德国高商交流的机会并由此窃取重要的军事情报。要知道,战争的幕后人物往往是操纵国家经济命脉的人,经济和国家的一切事务存在不可分割的联系,所以和商人打交道是获取军事情报的重要突破口。

在德国撕毁《凡尔赛和约》,对外扩张的初期,以后来的英相丘吉尔为首的英国有识之士早早预言了大战的不可避免性,并开始做出了战前准备。这与当时的法国政府对德国一味的姑息纵容,妥协忍让相比是具有前瞻性的。两种态度也决定了两个国家的不同命运:在二战中,英国成为对抗德国法西斯的中流砥柱;而法国则一败涂地,早早投降。就连英国首相丘吉尔在回顾这段历史的时候, 也不无感慨地说道:"一个真正的人物应该是一个对未来有着准确判断和把握的人,并为即将到来的事情做出行动上的准备。"

贝恩就是英国派出的, 在战争之前就对德国进行对抗的军事人员之一。在贝恩间谍生涯的早期,他以商人身份从德国高商处获取情报。随着欧洲形势的变化,贝恩的任务也发生了变化。他被安排去联系被德国侵略国家的抵抗组织,英国政府经他之手向这些组织提供军事物资、经济援助和搜集到的军事情报等。他的身份也从商人变成了英国在法国的特别工作人员,主要活动地点仍在法国边境。

二战打响后,贝恩作为观察员窥探德法两国的军情,分析德法两国的军事实力,为英国做下一步军事行动提供参考。在德国大举进攻后,法国战败的大局已定。贝恩负责安排法国主战派军事人员以及一些避难的非军事人员逃往英国本土的路线,并在一定的时间内保持这条交通线的通畅和安全。最终,在法国投降前,军情六处为了保障贝恩的安全,将他秘密遣送回国。

在安全回归英国本土后,由于出色地完成了任务,贝恩获得了上级的嘉奖,并被授予了荣誉勋章。丘吉尔上台后,对英国的谍报机构进行了大刀阔斧的改革,军情六处的工作得到前所未有的重视。军情六处基于对贝恩工作能力的肯定,给他安排了新的任务,身份也从地上转入地下。贝恩的主要任务是负责在法国敌占区搜集情报,在可能的条件下联系当地反德势力和破坏德国的联络机构,以便配合盟军正面战场的行动。

在英国停留的短暂时间里,贝恩在霍曼上校的陪同下来到了天堂鸟飞行队所在的约克机场,简单地查看了英国飞机的作战性能。贝恩根据搜集到的德国空军情报,将德作战飞机和英国飞机做了简单比较后,认为英作战飞机综合性能优于德国,并将这个结论发回英国总部,为军部高层全面分析双方军事实力提供参考。

这份文件将贝恩的间谍生涯记录地如此详细,甚至连贝恩和努尔的相会日期都做了标注。

努尔看呆了:她为贝恩充满传奇色彩的间谍生涯感到惊讶,为贝恩屡立奇功载誉无数的表现感到钦佩和骄傲,同时为贝恩险象环生的处境深感担心。努尔暗暗地想:我没有看错人,贝恩是一个聪明果敢,精明强干的男人，是一个顶天立地的大英雄，是值得我托付终身的。每个女人都会为有这样一个男人而骄傲。想到这里，努尔露出一丝欣慰的笑，甚至是带有得意。

在努尔看完材料后，里德军官接着说："玛德琳，我已经满足你的要求了，现在，我需要立即销毁文件。"

"可是，长官，我还没有把这些资料记清楚，能允许我再看一遍么。"努尔央求道。

"如果不是看在你是他未婚妻的情面上，你是不可能看到这份文件的。根据特工的工作守则，情报阅读后要立即销毁，这个规矩你以后也要牢牢记住。"

努尔再次点了点头。

由于对贝恩的爱慕和崇拜，努尔对特工的工作产生浓厚的兴趣，在接受特工训练的过程中更加用心了。但训练初期她的成绩并不乐观。

一次，里德军官拿着努尔的答卷，向上级气急败坏地反映到："请看看，这就是玛德琳的答卷。我来翻出几段她的回答来读读。提问：假如要将情报尽快送回总部，应采取哪种方式。

玛德琳的回答："我可以乘坐例如轮船火车等交通工具，将情报亲自送到本部，而且不需要上级嘉奖。"里德接着说："那节课我刚讲完，得到情报后可以将其译成密码用电台发回总部。同时发报时间不能过长，最好发报地点做多次转移。别的办法是谍报人员接头后，将情报安全转移给特派员，经秘密交通线转交总部。如果按玛德琳的做法，不但情报的安全得不到保证，而且即使情报送到，恐怕战争已经结束了。"

里德军官不依不饶接着说道："还有，这道题：如果德国人怀疑你的身份，你将如何处理。玛德琳的回答：'我将会向德国人保证我并不是奸细，如果德国人还不相信，我将离开那里，我讨厌别人用异样的眼光看着我。'这个问题我曾强调多遍,特工被敌人怀疑将是厄运的开始。稳妥的办法是销毁一切文件,让敌人找不到证据,同时保持镇静,不要出现异常举动。如果此时擅自离开,那就是不打自招,特工会立即被敌人拘捕,等待他们的将是严刑拷打或者是枪毙。如果特工选择离开,必须在地下组织的严密掩护下进行,特工还必须采取严密的反跟踪措施,以防敌人一网打尽。另一选择是特工在风声平息后离开,然后改换身份和代号,再被组织派遣到其他地区继续工作。"

高层军官在听到里德的抱怨后,经过短暂的讨论,认为努尔并不适合间谍工作。但里德坚决认为应该再给努尔一些机会。里德说:"玛德琳的容貌姣好,对男人很有吸引力,可利用她的色相迷惑德国军官,套取情报。但问题是她是否愿意为了国家出卖自己的身体。即使她愿意的话,以她的苍白的人生阅历,容易冲动感情用事的性格,呆板倔强的处世之道如何与那些老奸巨猾的德国军官周旋而又不漏破绽,这是一个难题。"

作为高层军官之一,主要负责特工训练的查理少将认可了里德的说法。查理说:"美女间谍是稀缺的,她们在战争中的作用非同小可。哪怕她们十个人中有一个能完成任务,都可能对战局产生重要影响,所以发现苗子要尽力争取。"里德响亮地回答道:"明白,长官。"

不久后,努尔被里德军官带进一个僻静的小屋,单独训话。

"玛德琳,你觉得作为一个女特工,对敌人最致命的武器是什么?"里德问道。

努尔想一想说:"是临危不乱、随机应变的冷静头脑。"

"不对。"

努尔又想一想说道:"是先进的手枪,炸弹之类的便携武器。"

"不对。"说话的同时里德摇了摇头。

"那就是组织的英明领导，其他同志的有力配合。"

"还是不对。"里德失去耐心了，提醒道："那个是男人最渴望得到的。"

努尔还是没有想出来，她愣愣地看着里德。

里德似乎失去信心了，气急败坏地说道："那个就是女人的身体，是上天赋予的最致命的作战武器。"

这一次把努尔吓傻了，她羞臊地满脸通红，下意识地低头看看自己的胸脯，好半天说出一句话："对不起，先生，这个我做不了。"

里德彻底失去信心了，为了避免不必要的尴尬，他大声叫道："皮特少尉，你进来启发启发这位小姐。"

里德走出了房门，与此同时走进来一位军人。里德向那个人说道："皮特，交给你了。"

"是的，先生。"那位军人一个立正，打了一个标准的军礼。

里德把希望放到了皮特身上，他在门外静静地等着消息。

过了一段时间，皮特哭丧着脸出来了，对里德说道："对不起先生，我失败了。"皮特略带愧疚地继续说道："以前的那帮女特工已经是身经百战了。不用过多的暗示，她们一点就透，甚至在打入敌营之前就在眉来眼去，你情我愿的情况下拿教官试刀了。但这次玛德琳是个例外，对她我无能为力，而且我感到羞愧不已，简直是在逼良为娼。她义正言辞地对我说："一个女人如果连身体都可以出卖就没有什么不能出卖了。她说此话时，我羞愧难当，无地自容。先生，我也是有良心的，这活我实在是不能再干了，您以后要是再逼我，我宁愿加入敢死队了。"

最后，皮特还给了里德一个异样的眼神，似乎对里德有一种居高临下的蔑视，让里德着实感到难堪。

里德很快将情况向上级汇报。高层经过磋商以后决定，为玛德琳重新设定培训目标,由里德自行安排。

里德再次和努尔见面的时候,他发现努尔看自己的眼神已经发生变化了,和皮特离开时看自己的眼神有些相似,仿佛自己在努尔眼中已经没有了教官的权威,而是变成了蟑螂蚂蚱甚至是更加肮脏的不堪入目的东西。

于是,里德向上级递交了辞呈,要求由他人做努尔的教官。

这件事也给了努尔不小的打击,她觉得自己受到前所未有的污辱,悔恨自己来到这里,一个人趴在床上偷偷哭泣。

努尔的特工训练中断了一段时间,英国皇家空军特别行动署特地派人对努尔做了大量的安抚工作,努尔受伤的心终于平静下来。

很快又来了一位叫史蒂芬的新教官负责努尔的培训。在对努尔的情况全面了解之后,史蒂芬决定将努尔培训成一名无线电发报员。

无线电发报员的基本技能培训马上开始了。教官首先向努尔传授发报机的原理。像 LC 振荡回路产生电磁波,以电波的连和断作为类似于计算机语言中的 1 和 0 组织起带有特定意义的语言之类的概念令努尔一头雾水。于是教官干脆放弃通信原理的介绍,直接进行技能培训。

发报的基本技能之一是用连接和断开线路的办法发送不连续的电磁波,以手指按压和放开触头的方式实现线路的连接和断开。

史蒂芬很快发现了努尔的问题,她无法掌握合适的点击力道和节奏。她的点击手法过重,机器的噪音大,容易引起别人的注意。另外她发报的节奏忽快忽慢,接收员很容易将连和断这两种信号混淆,从而导致情报传递时出现错误。

更令史蒂芬头疼的还在后面。在进行密码破译时,需要进行明暗文的转换。接收到的信息以字母形式出现,在特定的密码表下,不同的字母对应不同的数字。这些数字在经过特定的数学公式计算后得出的数字形式的结果,在密码表下找到其数字所对应的字母,再将字母进一步组成词、句、章,最终完成明暗文转换。因此,这个过程需要进行一定的数学运算,要求情报人员有一定的数学基础。努尔的数学水平差的出乎史蒂芬的想象。她无法熟练地做到几个不同公式的组合运算,即使正确套用公式也常因计算失误而与正确结果相距千里。

史蒂芬不停地想着:"特工队伍中竟然还有这样的人,怪不得一向业绩突出的里德军官将这只烫手的山芋交给了我。"

史蒂芬将努尔的培训情况立即向上级做了汇报。

不久,英国皇家空军特别行动署的高层开会,会议的主要内容是汇报特工培训的最新进展。高层就努尔的情况展开了专门的讨论,对努尔的培养前途出现了严重的分歧。

查理少将说道:"综合看来玛德琳并不适合当特工,我建议应该停止她的间谍培训,给她安排其他工作。她还是做一名翻译比较合适。"

从天堂鸟飞行队调入的霍曼少将发言了:"我对这个女孩子有一定的了解,她是一个韧劲十足,不言放弃的人,这也是我推荐她来这里的一个重要原因。很多时候,能否做好一件事情并不取决于个人能力,而更多取决于这个人的态度和决心。我对玛德琳还是有一定的信心的。"

霍曼的发言得到史蒂芬的支持。作为努尔的教官,史蒂芬发自内心地说道:"尽管玛德琳的能力有限,错误百出,但她的态度不容半点质疑,上级交给的任务她总是认真完成。即使出现边边角角的错误,也主要源于她的马虎大意,而不是她主观故意。在很多细节,玛德琳都表现出了一名军人的素养和操守。作为一位女人,或者说作为一名在男人的爱慕眼光中长大的漂亮女孩,这是难能可贵的。"

最终,会议的结果是肯定了努尔的表现,继续对努尔进行特工培训。

1944年6月,诺曼底登陆作战开始,盟军为此次战役做了大手笔。在短暂的时间内,盟军依靠出其不意的进攻手段,作战人员的数量优势,有力的后勤保障,精密的作战安排,多国部队的英勇作战、默契配合,一举突破德国的多道封锁线,势如破竹一般直扑巴黎。法国民众从久经压抑的被统治状态中苏醒,不断有人揭竿而起,配合盟军反抗德国人的暴力统治。现在的法国,无论是前方战场,还是后方敌占区,都是一片混乱。

努尔也开始了她真正的间谍生涯。她在乡村旅馆的一个僻静角落,打开发报机,和英国总部取得了联系。总部竟然为作为电台通讯员的努尔继续在敌占区工作感到惊奇。这段时期正是情报人员大有作为之际。总部给努尔下达了重要任务,要求她到里尔大街尽头的机械制造厂处找到秘密特工"老兔子",从那里获得德国在法国地区的驻防图,接头暗号是努尔胸口佩戴兰花在门卫那里等人,一个人会找到努尔说:"兔子不吃窝边草么。"努尔只需回答:"那是因为它还不饿。"然后联络完成,努尔接收文件。

最后,总部还特别指出此驻防图对前线关系重大,一定要认真对待。

第二天,努尔就出发了。

努尔带着沿帽,用围巾遮盖自己的面容,顺着乡间小路向巴黎市的方向赶。

根据"土拨鼠"交给努尔的地图,努尔通过绕行避开敌人盘查严密的地区。再加上这时德国人自顾不暇,努尔没有遇到盘查,顺利地来到了里尔大街。

里尔大街的尽头,距离巴黎市郊不远,那里坐落着原巴黎拖拉机制造厂。在被德国占领后,制造厂改为德国部队制造武器配件。

努尔独自一人来到了这里的门卫室。按照要求,她的胸口佩戴着一束兰花,格外显眼。

一名老工人奔向努尔走过来。他穿着普通的工人服装,戴着一个又脏又黑的工作帽,拖着疲倦的身子,手上拿着一个饭盒。

这个人就是特工老兔子,他饭盒中所盛放的不是食物,而是德国驻防图。努尔早就注意老兔子朝自己走过来了。有了一定经验的努尔还是很坦然地看着他。

老兔子走到努尔面前,似乎是与女孩打趣地说道:"兔子不吃窝边草么?"

努尔心中一喜,狡黠地答到:"那是因为它还没有饿坏。"

老兔子点点头,将饭盒交给了努尔,说道:"孩子,收好。"

他们之间短暂的交流仿佛是亲属在给工人送饭,不引人注意。

努尔顺利得到了情报,将饭盒放到女士手包中放好,转身就走。

返回乡下旅店落脚点的路途也出奇的顺利,在乡下旅馆,努尔在僻静的地方打开饭盒。她展开一看,没错,正是德国驻防图。她的任务完成了一半。

努尔立即用电台向英国总部述职,上级对努尔提出嘉奖,同时要求努尔到闹市区街头与地下武装人员联系,将驻防图尽快转交到他们的手中。上级一再强调,驻防图早到前方作战指挥部一天,就会大量减少前方指战员的流血。努尔牢牢地记住了。

第二天努尔兴冲冲地到巴黎闹市区与地下组织人员接头。努尔把注意力都放到德国哨兵的公开盘查上了,她忘记了敌人不光会"明修栈道",也会"暗渡陈仓。"对敌特组织来说,隐藏身份的秘密监视或跟踪的收效会更大,同时对特工来说这也是最致命的。为此无论是哪个间谍培训机构都把反追踪作为重要的课程来加以强调,在接头的时候,这种必要性就更加突出了。

努尔并不是没有接受过反追踪训练。她是一个容易冲动的人,一时兴起时会忘记教官所有的忠告。另外,她对这种措施的必要性总是带着很大的怀疑。

　　这次的暗号对努尔来说也是过于繁琐的。来到闹市区的大街上，努尔努力地想着接头的暗号，一边在嘴边叨咕着："温馨肃穆白菊花，大家都爱她。"努尔觉得不对，她又说道："清新脱俗水仙花，摘下一朵闻闻她。"还是不对。努尔再使劲想一想："典雅纯洁白玫瑰，守望爱情人人夸。"还是不对，努尔陷入绝望中了。

　　算了，不用那么麻烦了。努尔降低要求了，边走边喊："谁有花，请告诉我。"

　　她的举动引发了路人的一片骚动。不时有人看着努尔，指指点点地说："这个姑娘大概是失恋了吧，精神上好像受了刺激。"

　　这样过了一段时间，还是没有人和努尔搭话。努尔慢慢地不耐烦了。

　　经过一段时间的沉默，努尔实在是急不可耐了，她干脆将德国驻防图拿在手里，在街头向其他人挨个询问谁需要这份驻防图。这种行为对特工来说简直是难以想象的，也是毁灭性的。

　　前来与努尔接头的两位地下组织人员开始注意到努尔了。他们被努尔的行为吓坏了。他们机警地四下巡视，在确信没有潜伏的敌人监视的情况下，合计好对策后，立即来到努尔面前。每个人架着努尔的一条胳膊，意图强行将努尔带走。其中的一个人为了摆脱围观的百姓，急中生智地说道："这是我们精神病院的病人，在我们疏忽的情况下走失了。我代表医院向她给大家带来的麻烦道歉。"另一个人凑到努尔耳边，小声说道："我们是你要联系的同志，赶快跟我们走吧。"

　　努尔总算开了窍，就装作一个精神病人边走边喃喃自语，终于打消了其他人的怀疑。

　　三个人来到僻静的地方。两个接头人环顾四周确信无人，从努尔手中接过驻防图，长出了一口气。

一个人对着努尔小声地训斥道："你的做法是一个情报人员的做法么？我真的很难理解像你这样的人竟然会来做特工。你这样做不仅自己很危险，还会让其他同志白白送死，你想让整个地下组织都毁在你的手里么。"

努尔傻眼了，像一个犯了错误的小学生，低下了头。

那个人又多少觉得自己话说得过分了，对于一个女孩子过于苛刻了，就话锋一转安慰道："你以后要小心，千万不要再犯错了。"

说完，两个人悄然离开了。

这次行动虽然没有被敌人察觉，但是出现这样大的疏漏被同志狠狠斥责，努尔还是很难过。

她低着头，在闹市区的街道上静悄悄地走着。城市的喧哗淹没不了努尔心中的孤寂。她还有点自责，喃喃自语道："我总是那么笨，什么都做不好。"努尔总是过于情绪化。她的情绪随外界的影响变化过于剧烈，甚至有些神经质。在情绪低落时，她长时间地沉浸在消极情绪中无法摆脱。她的心理状态和她的年龄是不相称的。在令人窒息的间谍生涯中，努尔竟没有特意察觉到她的美好年华正在悄然逝去，她已经是接近三十岁的人了。

不知走了多久，也不知走了多远，连在朝哪个方向走努尔都解释不清，现在努尔思绪复杂，她所要做的就是一直在走。

特工人员在战争中受到的摧残是难以想象的，放在努尔身上就体现得更明显了。她的心里还没有完全成熟，抗逆性极差。努尔更愿意在妈妈面前撒娇，在心上人怀中说情话。但是在这样的环境下，谁会体谅她的孤寂和伤心，谁又会到努尔声旁给她一个依靠的肩膀，谁又会说几句安慰努尔的话来抚平努尔的伤。

天渐渐黑了，努尔继续向乡间的旅馆静悄悄地走。在天黑之前，努尔回到了旅馆。

她立即打开电台,向总部回电。尽管此次行动一波三折,好在结果令人满意,努尔得到上级的嘉奖。

在此之后的一段时间内,努尔的电台通讯进行得异常顺利。德国人并没有进行大规模的电波干扰,努尔交接情报时尽管破绽百出,但总是有惊无险。

积累了一定经验的努尔,知道在一个固定场所长期发报是非常危险的,开始四处寻找第二个落脚点。努尔不断地盘算着,到哪里落脚会比较安全。

其实,努尔在不知不觉中已经引起了旅馆的老板的注意。这位老板名叫科菲迪索,在巴黎市郊从事旅店生意多年。对德国人占领法国后的横征暴敛,科菲迪索非常愤怒,只是敢怒不敢言。他恨不得有一天能全部赶走这些家伙。终于,他知晓盟军即将打过来的消息,知道德国人猖狂不了多久了,暗暗高兴。他对努尔的注意来自于努尔行踪诡秘,表情神态不自然,无缘无故在这所旅馆呆了这么久。

努尔发报的声音,旅店老板深夜查房时也听到了。他推测努尔可能是盟国派来的特工。

努尔获得了旅店老板道义上的支持,也获得了他行动上的支持。为了帮助努尔不暴露身份,科菲迪索特意将努尔所租的房间的对门或者是隔壁空着不租给其他人,以防止努尔的发报声被其他人听见。夜间时,老板还在旅馆四周走动。如果觉察到风吹草动,他会以灯光或声音的形式给努尔发出暗号。这些事情,努尔一直被蒙在鼓里。

努尔这一段时间在床上辗转难眠。在遇到一些情况时,她或是想不出办法或是拿不定主意。下一个落脚点选择在哪里,这样才最大可能地躲避敌人的侦查,确保自身的安全,努尔百思不得其解。努尔决定赌一把,就把发报电台带到闹市区。市区的嘈杂声可以淹没发报机的动静。

作出决定后的第二天，努尔就上路了。她用皮箱装着发报机，步行到巴黎市区。对于巴黎市区的环境，努尔早就做到了心中有数。她成功地躲避了德国人严密的盘查。这一次，努尔决定不再住旅馆，干脆就在闹市区的居民楼内租一间屋子居住。

努尔大意的毛病再次出现，她离开时没有仔细检查房间。在不经意间，她将"伯爵"留给她的地下组织人员的手册遗忘在桌子的抽屉里。一旦这个手册落到德国人之手，法国的地下组织就要遭受灭顶之灾。努尔在整理行李时发现自己丢失了地下组织的手册，她大吃一惊。尽管"伯爵"在将手册交给努尔时一再嘱咐要千万小心，但努尔对于这本手册的重要性估计不足。努尔觉得反正也是丢了，那本手册自己不是经常用到，应该关系不大。这天，科菲迪索找上门时，努尔非常疑惑，这个房东为何不辞辛苦找到这里来呢？原来，是为了送那本重要的小册子。

对于这个严重的失误，努尔并没有隐瞒。她当晚用发报机向总部交代了这件事，向上级做出了道歉，总部给予努尔以安抚。

但是这件事在英国高层引起了不小的震动。为了预防万一，总部急令法国主要地下机构严密监视德国谍报机关动静，一旦有任何异常，马上撤离。

终于，一连几天没有大的风浪，这场风波终于平息了。

真正考验努尔的时刻来到了。这是诺曼底登陆后德国人在法国最后的日子，也可能是法国最黑暗的日子。这段时间的恐怖是最为漫长的，也是最为惊心动魄，震慑人心的。德国驻法国情报处的高层正在进行秘密会议。会议的中心议题是在吃尽了法国地下组织的苦头后，德国人决定在离开法国前对法国地下组织给予报复性的打击。这种打击要具备一定的力度，哪怕是以株连其他无辜的人为代价也在所不惜。德国人要用潜伏敌人的鲜血来获得复仇的快感。

德国间谍机构的特务突然间密布在巴黎的大街小巷,像藏在地洞里的鼠群大规模出洞了。他们肆无忌惮地逮捕可疑人员,加大力度地监视法国普通民众。甚至在巴黎街头,随时可能爆发激烈的枪战,夹杂着愤怒或恐怖的惊叫声,然后是敌对双方的尸体横七竖八地倒在地上。

与此同时,德国人还加大了对盟军电台的干扰和监听。一辆又一辆装有德军监控设备的军车在巴黎街头呼啸而过,其后跟着德军的警察部队。军车所停的地方,立刻有人员被德国人带走。

二战
浪漫曲

努尔注意到了德国人的反常举动。她并没有被吓到,残酷的特工生涯锻炼了努尔的神经。另外从客观上来说,努尔幸运地多次成为漏网之鱼,一定程度上助长了她的侥幸心理。努尔可能还不知道,由于德国人搜捕力度的加强,为了避免不必要的伤亡,相当数量的地下人员撤出了巴黎。巴黎的地下秘密电台相继取消,与努尔并肩战斗的力量也越来越薄弱。

这段时间,努尔还是坚持发报。她选择的时间总是在午夜或凌晨,这段时间正是人们熟睡的时间,因而是最为安静的。因此稍有任何动静在这样安静的环境中都会被无限放大。努尔在英国本土培训时出现的问题所引起的后果在这个时候暴露了出来。她敲打发报机的手法极重,发报时声响很大。其他人敲击按键时像是在弹琴,而努尔却像是在切菜。这点她的教官早就发现了,只是当时他忽视了这个问题。

因此努尔的四邻就被半夜的滴答声吵得不得安宁。努尔在发报时经常可以听到邻居的咒骂声。

这样努尔在附近的居民区成为远近皆知的"人物"。一些妇女私下里谈论着努尔。有人说:"这个女人怪怪的,年纪不小了还没有男人,每天晚上她的屋子里都会传出滴答的声音,真是令人不解。"还有人说:"这个女人行动诡秘,神出鬼没,真是搞不清楚是做什么工作的?"总而言之,努尔成为她的邻居议论的焦点。

特工越容易被注意,就越容易暴露,努尔已经处于十分危险的境地了。一个优秀特工一定是对自己的处境有着洞察和把握能力的人,这些人会趋利避害把自己置于最安全的环境。努尔距离这种保身的艺术过于遥远了。

终于,努尔隔壁的一个老妇人忍不住心中的怒火。她被努尔害成了失眠症,有着黑黑的眼圈,白天打不起精神。这一天她见到努尔,劈头盖脸地对她说:"为什么晚上你会发出那样大的动静,你是在发报么?"

努尔惊诧地张开了嘴巴,心扑腾扑腾地跳着,装出一脸无辜的样子:"太太,我真得不明白你在说什么,你怎么会这样想呢。"

老妇人不依不饶,继续说道:"这样大的动静难道是在磨牙么。"

努尔想了一会说:"那是因为我房间的钟表不太好使,机械的摩擦声太大了,一到半夜就响个不停。给您添麻烦了,十分抱歉。"

老妇人消了一半的怒气,最后说道:"姑娘你以后请注意吧。"

这样就被别人轻易猜出自己是在发报,给了努尔不小的打击。她还一直认为自己是安全的。实际上要不是法国民众对努尔的包容和一定程度上的掩护,法国地下人员对努尔的有力配合和千方百计地保护和帮助,加之运气的一再青睐,努尔早就不知道被德国人抓获多少次了。

短暂的几天过去后,努尔不知道她已经是巴黎地区为数不多的发报点了。英国总部在这个时刻已经不重视来自巴黎的消息了,努尔这段时间所发出的情报对英国高层来说是无关痛痒的。她所冒的风险和她所发出情报的价值是远远不成比例的。即使努尔离开这里,总部也不会有任何异议。特工人员在一定程度上是有自主权的。但是努尔脑筋不够灵活的特点再一次暴露出来。她总是上级命令的坚定执行者,不能设身处地,灵活变通地应对复杂多变的环境。如果以特工的标准来衡量,努尔并不称职;如果以军人的标准来衡量,努尔是一个富有勇气,有着严格操守和高贵品质的楷模,即使被称为英雄也不为过。

德国驻巴黎谍报组织早就觉察到巴黎闹市区还存在秘密发报点。由于信号弱,发报时间短等原因,德国人估计这个秘密发报点规模小,人员简单,所以迟迟不愿意花费太大气力对努尔的电台位置定位,或派出大量人员排查。这从另一个方面解释了努尔的秘密发报点为什么存在这么久都没有被敌人发现。

无论发报时对邻居的干扰有多大,在这个多事之秋地下工作的风险是多么大,努尔排除多重干扰,坚守岗位,每天都在持续发报,密集的电波连续不断地发向英国总部。

如果用简单的几句话来概括努尔作为发报员这段时期的表现的话,那么应该是专注和敬业,还有不顾任何危险完成任务的坚强决心。她和坚守阵地的士兵没有任何差别。单调乏味的生活,处于危险状况下的恐惧,缺少同志密切配合下的孤立,等等诸如此类的不利条件努尔像扫除蜘蛛网一样排除在外。普通人处于这样的条件下恐怕会窒息而死。努尔在职业生涯中所表现出的高贵意志品质,作为一个巨大亮点掩盖了她业务能力的不足。

诺曼底登陆后,盟军开辟了第二战场,并不断向法国中央地区推进。这段时间努尔发出的电报内容主要与巴黎市区地下组织的抵抗运动,德军的人员部署和动态有关。她的电台是监视德国人的眼睛和传递总部命令的喉舌。

这一天,努尔接受到上级的指示是找到法国地下组织总部,与代号为潜伏者的当地重要领导人接头。她需要向潜伏者了解在法国当地到底还有多少地下势力,以便量力安排这些人的任务,希望他们尽量在盟军到达巴黎前牵制一部分德军,或干扰德军的撤离和贵重物品的搬运。

此次任务,总部为努尔安排了三个接头地点,分别是巴黎的地铁站,图书馆和居民区。每个接头地点都有一个情报特工人员恭候努尔,且接头的暗号是一样的。总部要努尔根据环境的安全程度自行选择。

努尔选择到地铁站接头。按照上级的指示,接头的同志就坐在长椅上,展开报纸阅读,以此作为身份的掩护。努尔需要坐在他的旁边,阅读上级特定安排的书。这本书就是她的暗号。再被接头人识别后,他会用眼光与努尔交流,并马上离开。这个人一路上会给努尔留下特殊的标记,努尔按照记号就可以找到法国地下组织总部。

来到地铁站,努尔果然看到一个坐在长椅上展开报纸阅读的中年人。努尔猜测这个人就是她所要接头的同志。

她坐到这个人的旁边,展开一本书阅读,这本书就是事先安排好的莫泊桑的《羊脂球》。

这个人很快就注意到了努尔,他用余光看到努尔拿出的书正是《羊脂球》,那本书正是努尔的接头暗号。

这名联络人员不动声色地仔细打量着附近的每个人。他确信没有引起任何人的注意后,给坐在旁边的努尔使了一个眼色,悄声地离开了。努尔心领神会。由于报纸的阻挡,其他人没有注意到这名联络员的表情。

几分钟后,努尔按照这名联络员留下的记号一路尾随。这种记号是用特殊的画笔做的,记在路口拐点的马路台阶上。接头人仿佛系鞋带一样俯下身子,趁人不注意时偷偷标记。这种记号只在短时间内保留,过一段时间就会被氧化消失,不留痕迹。

在每个路口,努尔都要细心观察是否有标记,这样她走得很慢,仿佛警犬要根据嗅到的气味来判断猎物的方向。起初她顺利找到了几个标记。不久她迷路了,同志做好的标记消失了。她好像失去航向的轮船,没有了指南针和灯塔的指引,在人来人往的大街上徘徊。

怎么会找不到呢？努尔越发感到困惑，她又顺着原路回去，打算找到起始的标志。在一段时间后，由于氧化作用，之前的标志彻底消失了。努尔失去了所有线索，预示着她的这次任务可能归于失败。

努尔的接头人在地下组织的据点迟迟没有等到努尔出现后，十分惊讶，以为意外情况发生了。立即，他向上级汇报，这个秘密据点立刻人走楼空。

努尔在街头彷徨无措的走着。她再也找不到任何线索了，仿佛断了线的风筝随风飘荡。努尔的行为引起了路人的注意，一些人诧异地看着她，以为她丢失了东西。

天渐渐暗下来，意识到自己已经无法完成任务了，努尔回到了住所。她立即发电向总部报告了这次行动的失败。

实际上，努尔迷失目标的重要原因是将一处台阶上的油漆当成了接头人员的标记。任何分心和大意对执行任务的特工来说都是具有毁灭性的。同时，由于努尔丢失目标，法国地下组织担心意外发生，虚惊一场。这增加了地下组织的同志对努尔的不信任。作为地下组织的领导人之一，潜伏者再次抱怨道："我对那个英国总部派来的特工越来越不信任了，我真的担心她会给我们再次带来麻烦。如此下去，也许我们整个组织都会毁在她的手里。"

潜伏者的重要助手，多年在法国地下组织工作的巴尔德斯曾经是努尔的老领导"伯爵"的亲密战友。通过"伯爵"的介绍，他对努尔的经历和背景有一定程度的了解。同时受"伯爵"的委托，巴尔德斯在可能的情况下，尽量给努尔一些照顾。他对潜伏者进言道："那个特工代号玛德琳。她经验不足，处事稚嫩，你不能以一个成熟的特工标准要求她。她现在是巴黎地区为数不多的发报员。她在这个关键时刻还留在这里，足见她勇气过人。您需要换一个角度评价她。"潜伏者点点头。

努尔将此次行动失败的结果通过电台发给了总部。努尔不是一个能力十分突出的特工,总部考虑到她的个人原因,对她也是十分宽容的,没有对努尔进行任何指责。努尔不知道的是,组织一直在对努尔进行特别照顾,尽力给努尔安排风险最低的任务,并在一些情况下为努尔可能出现的问题做出了预备方案。英国谍报组织对努尔的特殊照顾一定会让努尔的同行艳羡不已,只是这个秘密只有少数人知道,努尔也被蒙在鼓里。

这一次英国总部要求努尔可以在图书馆或居民楼两个备用地点进行第二次接头,接头暗号和联络方式也有细微差别。

这一次,努尔选择在图书馆接头。她需要拿着雨果的《悲惨世界》,在图书馆特定座位上阅读。她的接头人会像串换阅读一样,递给她一本地图册。其中地图册中有一个秘密地图,上面标有找到法国地下组织的路线。

一切安排妥当,努尔再次出发。她顺利地找到了图书馆,在约定座位做好,掏出雨果的《悲惨世界》静静阅读。

一个中年男子坐到努尔对面,悄无声息地递给努尔一本地图册。他坐了一会儿后,就静悄悄地离开了。

努尔小心翼翼地打开地图册,里面的确存在一份秘密地图,上面清晰地标记着找到法国秘密地下组织的路线。

这一次努尔有了一定的经验,她将这份地图的路线反复记了几遍。在确信大体记住后,努尔将地图册合好,装在女士挎包中。

努尔在街头按照记忆中的路线前进。努尔的记忆力并不好,边走边对街头的每个重要位置进行仔细核对。在经过七转八弯的几条街后,努尔来到了一个不起眼的大车库。这个大车库表面看上去已经破落不堪,与四周的建筑物格格不入,难以想象巴黎市区竟然存在这么简陋的场所。

努尔按照地下组织的同志在秘密地图上做出的标记,找到了车库的侧门,这是车库的入口。

走进车库，这里一片黑暗，只有几缕阳光从车库顶棚的缝隙间射入，可以清楚地看到四处飘散的灰尘。

努尔大白天突然进入这个阴森的地方，双眼简直要失明了，普通的女孩可能还会害怕地大喊大叫。

努尔摸索着前进，终于在车库的深处发现一处亮光。这是车库的后门。努尔走出后门，豁然开朗，这是一处院落。在院子的角落处，有一个门卫室，这里有一个人在等候努尔。

努尔按照指示，从挎包中掏出秘密地图，这就是她进入地下组织秘密据点的通行证。

接头人将努尔带进了好像是废弃的地下停车场的地方。这个地方入口处十分阴暗，走进深处却别有洞天。这里开着几盏日光灯，一片明亮，犹若白昼。努尔注意到这么狭小的地方，竟然聚集着十几个人，她大为惊讶。

"您就是玛德琳同志吧？您好。我是这里的负责人。"潜伏者走上前，向努尔伸出了手。努尔礼貌地和潜伏者握了一下手，回答道："我就是英国总部派来的法国地下秘密通信员玛德琳，总部委托我向您了解你们这里的情况，以便根据实际情况委派任务。您可以将这里的情况简单地介绍一下么？"

努尔坐到了旁边的椅子上，拿出笔和记录本。这里面十几个人分别落座，潜伏者向努尔介绍情况。

潜伏者向努尔介绍到："我是这里的地下领导人之一，我所带领的地下组织人数已经达到上百人，不包括前段时间德国人大搜捕所损失的一些同志。"

努尔向潜伏者传达总部的要求道："我想知道在德国人彻底离开巴黎之前，你们能给予前方部队多大的帮助。"

"我们这里有一百人,与我们有密切联系,可以做到统一行动的其他组织人员可以达到四五百人。如果有充裕的时间安排,可以集结上千人。这些人是在多年的对敌斗争中保存下来的,他们是训练有素,久经大敌的老同志,是目前法国地下组织的骨干力量,值得信赖。"潜伏者就这样介绍了法国地下组织的大体情况。

努尔细心地记录着。她继续问道:"那么你们现在可以完成哪些工作?"

潜伏者说:"我们的内线打探到,德国人的秘密警察部队可能在德国军队之前提前离开。这些人双手沾满我方谍报人员的鲜血,我们一直准备对这些人做一次有力地打击,为我们死去的同志报仇。我们已经了解到他们最后一批撤出的秘密警察部队的离开时间和路线,我们打算在半途伏击他们。在荒郊野外出没的游击队也可以配合我们的行动。"

努尔把这些情况记录下来。她继续问道:"总部还希望你们弄到最新的德国在巴黎的作战安排,你们能做么。"

潜伏者考虑一下说:"我们的内线在德国内部还可以进行一定的活动。对于这件事我们没有确切的把握,但是我相信自己的同志得到一些作战情报的可能性还是很大的,只是那些情报的重要性和可靠性无法考量。"

努尔继续说道:"总部还问道,盟军进城的时候,能否根据掌握的情报对城中遗留的敌特分子予以肃清。"

潜伏者说:"我们与德国的秘密警察部队久打交道,大家都是老熟人了,都掌握着对方的大量情况。这个猫抓老鼠的游戏玩的太久了,也该我们换成猫,他们换做老鼠了。

我们根据所掌握的情报,应该可以抓到一些敌特分子。当然,我们无法做到从根本上肃清他们,但消灭一些潜伏人员的骨干力量应该没有问题。"

努尔高兴地点点头,她获得了重要的第一手材料。在座的其他同志陆续发言,纷纷向努尔介绍情况,也提出了一些合理的意见和建议。努尔将这些一一记录在本子上。此行努尔收获颇丰。

最后,潜伏者对努尔说:"我们现在与外界的情报周转站越来越少了,你的电台是这里为数不多的对外联系的窗口。如果我们与总部联系不上,我们可能会成为聋子瞎子,所以你的电台现在关系重大。请玛德琳同志您好好保重,黎明的曙光马上就要出现了,敌人的末日不远了。如果您有任何要求,我们随时可以提供帮助。"

努尔十分感动。这段时间她与同志的交流时间太短了,大多情况下是孤身一人与电台的滴答声相伴。她需要太多的情感倾诉和沟通了。得到了同志们的关怀和支持,努尔倍感温馨。如果这种情况放到以前,努尔一定会大声哭起来。她向潜伏者和其他同志一一道谢。

努尔离开这个秘密据点的时候,有人提出要送行。但是为了避免人多目标大引起其他人的注意,潜伏者仅仅命令巴尔德斯在努尔身后悄然尾随,待努尔安全回到发报地点后自行离开。巴尔德斯欣然受命。

努尔顺利地回到了发报点。很快已经是晚上十点了,努尔十分兴奋,毫无倦意,立即向总部发报。这是努尔成果最大的行动之一,她怀着十分激动的心情将获得的所有情报以源源不断的电波形式发向总部。总部对努尔的收获之巨大深感意外,连连发出贺电表彰努尔做出的贡献。同时,总部了解到法国的地下组织在敌人的反复打压下,还具备一定的实力,马上又下达了新的作战任务。这段时间,努尔的发报点真正地成为了巴黎与英国地区的重要情报联络平台,更夸大一点说是黑暗夜空中指引航向的一座灯塔。

盟军地下组织人员蓄势待发,德国人也在做积极应对。德国驻法国情报组织临时拆成了几个小组,每个小组需独立地完成任务。这些小组的任务大致分为三类:一些谍报人员在作战中随德军撤离,回到德国本土继续从事以前的工作；而潜伏在法国境内的间谍将长期在该国进行搜集情报或暗中破坏的活动；为了防止机密文件外泄，情报人员在工作的过程中，一定要及时的销毁所获取的或者是本国的情报，尽量做到不给盟军留下一点有价值的内容。

其中，一个德国秘密潜伏小组阴差阳错地搬到了努尔发报地的对面，与努尔只有一街之隔，努尔的处境已经很危险了。

这个秘密小组的头目是德隆霍斯特，德国高级情报官，他手下有五名谍报员。

德隆霍斯特在职业生涯中业绩平平，有时刚愎自用，有时又畏首畏尾，不善于和其他人打交道，所以一直不受重视。

他被安排潜入法国居民区，组织秘密发报点，作为德国在法国这段最后日子里的情报来源地。德国人向来以铁的纪律著称于世，但是德隆霍斯特是个例外。他觉得上级有意让他接"烫手的山芋"。他认为德国大部队走后，自己很可能被安排继续留在这里潜伏。一想到每天都要像老鼠一样过担惊受怕的日子，德隆霍斯特满腹牢骚，只是不好发作。

他手下的情报员梅奇对这位平庸的上司大为不满，曾经私下里对战友说道："我们这里的情况就像是山羊在领导一群狮子。"梅奇是饱受纳粹思想毒害的分子，对元首希特勒无比崇拜，愿意用献出生命的方式表达对祖国和元首的忠诚。因此他特别看不惯他的上级德隆霍斯特的一贯做派。德隆霍斯特在他眼中是胆小自私，一切从个人利益出发的人，这与大日耳曼精神背道相驰。这样的人竟然一直是自己的上司，梅奇十分气愤。

德隆霍斯特选择在福奇街闹市区作为据点潜伏的原因是这里人员密集且流动量大，潜伏人员出没时不容易引起其他人的注意。闹市区的喧嚣声可以掩盖发报机的巨大声响。他的想法简直与努尔不谋而合。

德隆霍斯特被手下所不齿的重要原因是贪生怕死,这在德国军人看来是最为卑劣的。他这段时间在不断考虑自己的退路:盟军打过来就投降吧,不行。手下人思想不统一,可能有人坚决不听从他的决定,极端情况下还可能被手下人枪毙。另外德国的党卫军也不是好惹的,轻易投降自己可能被作为叛徒暗杀,家小也会受到牵连。听从上级的命令潜伏下来做特务吧。双方实力相差悬殊,风险太大,身份暴露被抓获后十有八九要处以极刑。德隆霍斯特现在是热锅上的蚂蚁。

努尔没有注意到德国人的异常行动。即使现在德国谍报组织已经潜伏在努尔一街之隔的居民楼上,努尔也没有一点察觉。努尔看不出穿着便装的特工和普通百姓有任何差别。努尔将她了解到的法国地下组织的情况向总部汇报后,这几天总部连续发出回电,对法国地下组织布置了林林总总的任务。努尔十分认真地做好记录,记录本上全是密密麻麻的电文。

几乎在每段电文的结尾处,总部都要提示努尔谨慎处理电文,因为他们始终对努尔不放心。于是,努尔小心翼翼地把所发过的每段电文都做了备份存档,没有一份电文遗失。努尔认为自己这样做一定会得到上级的赞赏。恰恰相反,她误解了上级的愿意。上级的真正意图是将这些文件及时销毁以绝后患,这在努尔间谍培训期间教官一再强调过。她的做法最终只会是帮了德国人的忙。

将总部的密电整理好之后,努尔决定再次前往大车库的秘密基地,将总部的安排传达给"潜伏者"。

上次已经去过一次,努尔轻车熟路,顺利地找到秘密基地。当她走进地下停车场的时候,没有找到潜伏者,当时那里的最高领导人是巴尔德斯。

上次这里人员齐整,大家雄心壮志,摩拳擦掌。努尔的这次到来,发觉气氛明显不对,非常奇怪。

二战浪漫曲

"潜伏者´在哪里？"努尔向巴尔德斯问道。

巴尔德斯有些遗憾地低下头，说道："他在你来之后，情绪有些激动，当晚就紧急召集地下人员打算对德国人采取行动。不料，由于人数太多，目标太大，德国人提前察觉，将这些人打散了。´潜伏者´应该暂时隐藏起来了。"

努尔大吃一惊，张大了嘴，根本弄不明白为什么在她传达总部命令之前，他会提前采取行动。

巴尔德斯显然猜出了努尔的想法，他说道："´潜伏者´看到德国人末日来到，立功心切，急于求成，低估了德国人的实力。"

努尔问道："我带来了总部的行动部署，´潜伏者´没在这里，这些计划还能执行么。"

"应该可以。"巴尔德斯点点头："总部的命令不会因为领导人的不在场而搁置，你把总部的文件交给我就行了。"

努尔一度以为"潜伏者"失去踪影，行动计划无法执行，自己的努力将要落空。听到巴尔德斯斩钉截铁地回答后，努尔知道自己的努力没有白费，高兴地将总部的电文交给了巴尔德斯。

其实，"潜伏者"提前采取行动的一个重要原因是他还不十分信任努尔，有些刚愎自用。巴尔德斯与他相处多年，知道他的心思。他没有将"潜伏者"的想法告诉努尔，怕她伤心。

巴尔德斯将总部发出的电文展开，当着其他所有人将电文的内容小声念了一遍。大家知晓了上级的安排。

至于对敌人实施突袭，贴身肉搏拼刺刀这些事努尔一窍不通。文件中所涉及到的军事术语，努尔也是一头雾水。当然，作为电台通信员的努尔不需要了解那么多，她只需将自己的本职工作做好。

总部的电文大致内容如下：

盟军总部向在法国敌占区长期进行对敌斗争的地下工作人员致敬，你们所做出的贡献是不可磨灭，永载史册的。

现在已经到了和德国的决战时刻，也是法国解放前你们对德的最后一战。希望你们能够集结所有力量，配合正面战场盟军的军事行动，给予敌人有力地打击。

这段文字之后，就是盟军总部目前所掌握的军事信息。盟军总部将一部分正面战场的作战安排交代给这里的地下人员，另外还有根据一部分截获的德国情报所了解到的德国军事机密。大家做到知己知彼。

电文最重要的部分是总部对地下组织人员的行动部署，具体任务落实到每一个可以联系到的地下组织。总部根据每个组织的具体情况委派任务，对可能出现的变故都做了预判和分析。

最后，总部鼓励大家打好最后一仗，等候大家胜利的消息。

当电文念完时，在场之人都情绪振奋，因"潜伏者"行动失败所带来的重重消极情绪被一扫而光。

作为传递消息的使者，努尔也被其他人的情绪所感染。她恨不得自己也作为一名战士到前线作战。

情报交接完毕，所有人员就立即行动起来了，相继有人离开这里。努尔在离开之前与巴尔德斯攀谈几句。

"如果没有'潜伏者'的领导，我们的行动会受到影响吧？"努尔关切地问。

"缺少任何人行动都会按计划进行，早就有预备方案应对这些情况。你不必操心。"巴尔德斯说此话时信心满满。

听到这里，努尔一块石头落地了。从了解情况打探虚实汇报总部，到接收电文传达命令，努尔圆满地完成了这次任务。她心花怒放，高兴地简直要跳起来。

与努尔相比，巴尔德斯要老练稳重得多，他对很多情况都做了最坏的打算。他看到努尔喜悦的神情，担心她放松警惕后会露出破绽，提醒她到："玛德琳，你不要高兴得太早，以后还需多加小心。"

努尔点点头。

离开时努尔坚决要求不需要派人随行，也不需任何人尾随保护。在重大行动开始后，她不想增加其他人的负担，她认为自己是安全的。

巴尔德斯体谅努尔的良苦用心，礼节性地送努尔到门口，与努尔告别。

努尔离开时，天已经黑了，街上的行人很少。努尔在暮色中匆匆赶路。

这次努尔的运气变得很坏。在进发报点的居民楼时，努尔刚好迎面遇到德隆霍斯特，两人对视了一眼，都默不作声。努尔走进了居民楼，德隆霍斯特转过身来盯着努尔，直到她的背影消失。

德隆霍斯特的秘密发报点就与努尔一街之隔。这几天他一直在四周巡视，观察是否有可疑情况发生。

终于，努尔的出现，引起了德隆霍斯特的怀疑。在常人看来，努尔没有出现任何破绽。对于从事谍报工作多年、经验丰富的德隆霍斯特来说，努尔身上疑点重重。这样晚的天，一个漂亮女人孤身一人，没人随行的情况下回到居所，在正常情况下是很难解释的。现在的治安混乱，漂亮女人很容易引起男人的不良企图，一个女人怎么会一点警惕也没有呢。

德隆霍斯特目视努尔背影消失的过程中，注意到努尔的优雅举止，绰约风姿，推测努尔应该身世不凡。这样的女人竟然会出现在这里，更增加了德隆霍斯特的疑虑。

当晚，努尔兴冲冲地向总部回电，报告自己已经成功将命令传达给地下组织,行动可以按计划进行。

　　总部再次发贺电褒奖了努尔的表现,并要求努尔代表总部向地下人员表示衷心地慰问和感谢。

　　努尔的电波源源不断地发向伦敦,巧合的是,此刻德隆霍斯特的秘密小组也在向德国柏林总部发报。

　　"报告长官,我们的电台有意外的干扰,干扰源可能就在附近。"梅奇向德隆霍斯特报告说。

　　德隆霍斯特立刻来到了发报机前,仔细地检查机器的响声,果然有特别大的噪音,可以准确判断附近有明显的干扰源。

　　难道附近还有秘密电台? 德隆霍斯特疑惑不解,他向梅奇问道:"我们的发报还能继续进行么。"

　　"没有问题。"梅奇十分肯定地说:"这不是专门的干扰电波,我们的发报只是受到轻微影响,不会阻碍电波正常发送。"

　　"那就好。"德隆霍斯特点点头。

　　此次发报时,努尔的电台也有意外的声响。她也纳闷为什么杂音会突然变得这么大。努尔暗暗地想:可能是发报机出故障了,机械的东西总是靠不住。好在不影响发报,她并不在意。

　　德隆霍斯特在这次意外之后一直在分析原因。他认为附近不可能还有秘密的德国电台,那么这个干扰源一定是盟军电台。他们竟然就在我们的鼻子底下,德隆霍斯特冒出了冷汗。

　　此后的几天,德隆霍斯特就在居民楼下的咖啡馆闲坐,仔细地打量着附近的每一个人,晚上偶尔还出来巡视。

　　最终,他把目标锁定在努尔身上。他发现努尔三两天就要外出一次,既不像是逛街,也不像是串亲访友,形迹可疑。除此之外,德隆霍斯特还发现努尔的房间深夜时依然开着台灯。种种迹象表明，努尔有重大嫌疑。

德隆霍斯特私下里开始打探努尔的情况。他得知努尔是不久前搬来的房客，不是这里的长期居民，而且还有人抱怨她在半夜里发出奇怪的动静，吵得其他邻居无法入睡。德隆霍斯特做到心中有数了。

被敌人怀疑，是特工厄运的开始。努尔已经处于危险的境地了，她竟毫无察觉。这段时间努尔最大的不解之处就是发报机总是出现杂音，她不断抱怨这些破机器太靠不住了。

这种情况该如何处理呢？德隆霍斯特不断地盘算着：如果这个女人真的是盟军特工，我把她抓获将受到上级的嘉奖。到了这个关头，德国已经是穷途末路了，这种嘉奖只能是一张空头支票。这样做的后果，只会加深敌人对自己的仇恨，在德国战败后自己即使幸存下来也将作为战犯受到严惩。德隆霍斯特希望能够给自己留下一条退路。

坦白地讲，德隆霍斯特的平淡业绩一部分源于他对自己后路的考虑过多，他不愿意成为这场战争的炮灰。与盟军的谍报人员反复较量的过程中，德隆霍斯特坚守弹性原则。他既要做到让上级基本满意，也不能过于出风头成为盟军的众矢之的。因此，他的三心二意也多次遭到上下级的批评和非议。

在敌人对努尔虎视眈眈之际，努尔的工作处于高潮期。胜利的曙光就在眼前了，对光明未来努尔充满希望，她鼓足了干劲忘我工作。

法国地下组织的领导人"潜伏者"在巴黎地区的郊外养伤。上次因立功心切，急于求成，"潜伏者"吃尽了苦头。他十分懊悔自己的一时冲动付出了这么大的代价，他对自己的告诫是永远不要低估德国人。

一段时间后，他得到消息，法国地下组织在缺少他领导的情况下，将要按照英国上级的指示对德国采取行动。

"潜伏者"从行动的发起者和参与者变成了旁观者，心里很难受，同时对组织内战友的安危他也十分担心。

努尔在秘密发报点的出出进进越来越频繁。在忘我工作的情况下，她渐渐地忽略了自己是一名潜伏人员，掩饰身份的工作更加马马虎虎。一次，努尔拿着电报纸一边看着一边走，她在街上核对所记录的电文是否有问题，全然不把德国人放在眼里。

这一切，德隆霍斯特都看得清清楚楚。他回到了与努尔一街之隔的老窝，召集手下人员开会了。梅奇等人一直在为发报机的杂音问题感到困惑，德隆霍斯特给了大家合理的解释："对面居民楼有一个女人是潜伏的盟军发报员。她几乎每天晚上都会用电台向盟军发报。我对她进行了一段时间的观察，这个发报点应该只有她一个人。"

"为什么不揭穿她的身份，把她抓起来？"梅奇不解地问。

"那是个新手，没有经验，一个小角色，我的真正目的是放长线钓大鱼，最好通过她将法国地下人员一网打尽。"德隆霍斯特充满自信地说。

梅奇惊讶得张大了嘴巴，他平生第一次觉察到他的这位上司竟然还有如此智慧。其他人也对德隆霍斯特的想法啧啧称赞。

其实德隆霍斯特是色厉内荏，外强中干。虽然放出狠话，他的心里可不是那样想的。他算盘着如果努尔的身份被手下人揭发，他知情不报就犯有渎职之罪。还有将法国地下人员一网打尽，那是天方夜谭。他清楚地知道在巴黎德国人现在没有这个实力，而且每天他都害怕自己的老窝被地下分子端掉。

梅奇不依不饶地继续问道："长官，下一步你打算怎么办？"

"这个我自有安排，你们不要轻举妄动，以免打草惊蛇。"德隆霍斯特显得十分沉稳，志在必得。

其他人心领神会，连连点头。

在传达了总部给予地下组织最后一战的任务后，努尔的工作量减轻了很多,发报时间明显变短,发报次数也明显变少。因此,努尔外出活动不像以往那样频繁。

德隆霍斯特的手下人就眼睁睁地看着努尔来去交接情报,他们的谍报帝国大厦就在像她这样的盟军情报员的挖掘下慢慢倾塌。可根据德隆霍斯特的命令,他们又不能轻举妄动,同时他们也看不出德隆霍斯特有任何收网的计划或行动,只能暗暗着急。

法国的秘密地下组织最近活动频繁,自身任务的繁重使他们无法做到对努尔的有效关照和掩护。努尔也没有组织人员之间相互关联掩护来确保人身安全这方面的经验,她还没有注意到自己独自支撑的秘密发报点已经十分孤立了。

努尔的电台是盟军在法国的最后一批发报点了。法国地下电台的情报交流工作在战争中已经退居到次要地位了,这也是努尔的工作量减少的重要原因。

依照常理,在胜利即将到来的时刻,发报员最大的工作是确保自身安全。恰恰相反的是,充满工作热情的努尔发觉自己收发的情报越来越少十分失望,她还怀疑是否总部对自己的工作不满意,或失去信任。

德隆霍斯特如坐针毡,不知所措。不将努尔抓获或顺藤摸瓜打击法国地下组织,无法向上级和手下人交代;将努尔抓获请功受赏,自己会成为盟军的眼中钉,被作为战犯处以极刑,断送自己的生路。他对手下人所说的不打草惊蛇轻举妄动这类冠冕堂皇的话无非是缓兵之计,安抚人心,但一拖再拖也不是长久之计。

梅奇牢骚满腹,多次对德隆霍斯特说:"长官,应该将这名情报员立即抓获,我们拖得越久对我们越不利。我们也不能过于贪功,指望靠她将法国地下组织一网打尽是不现实的。"

德隆霍斯特故作镇静，不动声色地说："我自有安排，你们就耐心地等下去吧。"

努尔和地下组织的联系越来越少，一段时间内，努尔发出的电报竟然没有得到总部的回复，她非常诧异。

在闲暇之余，努尔依据对上级"谨慎处理电文"要求的理解，将长期保存的电文工工整整地记录在一个本子上，自己租住的房间也认认真真地打扫了一遍。

施特格尔根据日程表的安排，这天到位于巴黎郊区的一个秘密军营移交德军谍报组织的文件和通信设备，那些文件和设备将被德国军队带回本国。这些物品由他率领的庞大车队负责押送。

他的行动路线早已经被地下组织所掌握。斯奇科亚早早埋伏在施特格尔必经之地附近，他用望远镜仔细观察周围的动静。配合他行动的游击队员埋伏在四周，他们负责与德军交火后掩护斯奇科亚安全撤离。

施特格尔的车队按照地下组织所掌握的情况准时出现在郊区的狭小公路上。这支车队的规模不小，斯奇科亚估计人数大约有三百人。前面是开道的摩托车队，紧随其后是吉普车和军用轿车，车队的最后是运载设备器械的军用货车和运兵车。

施特格尔所乘坐的轿车在车队中十分显眼。施特格尔有讲究排场的官僚做派，他的座驾十分豪华，车体被擦拭如新，反射太阳的光辉。

斯奇科亚用望远镜远远地就观察到坐在轿车上的施特格尔。他露出一丝轻蔑的冷笑，心中暗道："今天我就送你到地狱去赎罪。"

车队前开道的摩托车突然停下来，随行的车辆也被迫停下来。

"怎么回事？"施特格尔颇感意外，他警觉地透过车窗向四周巡视，他没有发现异常情况。

施特格尔走出轿车，站在车门旁，一个卫兵向他报告："长官，前面的道路不明原因地被挖了几个陷坑，车辆暂时无法通行。"

"难道是我们的这次行动被盟军游击队提前知晓？"施特格尔心中迷惑不解，同时命令道："立即铺平道路继续前进，我们不可以在这里久留。"

卫兵打了一个标准的军礼，高声答道："是，长官。"

在施特格尔走出轿车的一刻，千载难逢的机会来了。斯奇科亚暗自窃喜，黑洞洞的枪口对准了施特格尔，瞄准镜的十字花在他身上扫来扫去。

按照斯奇科亚的习惯，射击点一般为目标人物的头部，这样可以做到一击致命。但是这次的狙击距离比较远，射失目标的风险大，且这一枪关系重大，不容闪失。斯奇科亚临时决定目标更大的前胸作为射击点。

"砰"一声枪响，打破了荒郊野外的宁静。施特格尔倒下了，斯奇科亚大喜过望，立即撤退。

德国人炸开了锅。训练有素的德国士兵潮水般冲下汽车，选择地形就地卧倒，黑洞洞的枪口瞄向四周，警惕地观察四外的动静。

掩护斯奇科亚撤退的游击队趁德国人立足未稳之际向车队投掷了手榴弹。一些有经验的队员为了迷惑德军，在车队的周围投掷了大量的烟雾弹，德国人被笼罩在浓烟中。

德国人视线受阻，不明虚实，不敢贸然出击，只能漫无目的向四外射击，顿时枪声大作，喊声震天。

这支游击队人数很少，确定斯奇科亚安全离开后，分成几条线路撤离。为了迷惑德国人，在四个不同的方位游击队留下了大功率音箱。这些音箱发出震耳欲聋的炮声和持续不断的枪声，夹杂着喊杀声，给了德国人强大的震慑力。

待烟雾慢慢散去，德国人发现四外连个人影都没有，只有四个音箱发出震耳欲聋的响声。这样被敌人戏耍,德国人恼羞成怒。这时,施特格尔的副官通报其他人,施特格尔负伤。

这一枪没有击中施特格尔的要害,但子弹射透他的肩膀,将肩胛骨打折,施特格尔身负重伤。

被子弹射中后,强大的疼痛令施特格尔暂时昏厥,他瘫倒在地上。

副官赶紧凑上前来,摸施特格尔的脉搏确定他还有心跳,手放在鼻前,施特格尔还有呼吸。他还没死,副官将额头的汗擦净。

好半天,施特格尔恢复了意识。他的肩膀被医护人员包扎好,副官将他扶上轿车。

施特格尔暗暗盘算:难道敌人故意阻挠我们将重要文件和间谍设备顺利运往德国本部,他们怎么会知道我们行动目的的。在副官报告他所有伏击的敌人全部消失,四外连个人影都没有时,施特格尔明白了,他们是奔自己来的,目的是结果自己的性命。

想到这里,施特格尔像个被激怒的狮子,暴跳如雷,他恶狠狠地咆哮道:"我一定要报复,报复。"

副官向他请示是否继续前进,施特格尔大声吼道:"我只是受了轻伤,并不碍事,继续前进,这次任务必须完成。"

车队在前进的路上再没出现任何意外。尽管一波三折,由于地下组织的目标是施特格尔,德国人最终完成了这次任务。

斯奇科亚把喜讯带给了巴尔德斯,地下组织沸腾了。巴尔德斯面带笑容,向大家宣布:"我们虽然不能确信施特格尔已经死了,但至少给那个刽子手一个狠狠的教训,值得庆贺。"

施特格尔遭到伏击的消息不胫而走,不仅地下组织获得复仇的快感,这件事也成为法国民众餐桌上的美谈。

面对德国人最后的疯狂，努尔依然认为自己的秘密发报点是安全的避风港。邻居已经习惯了努尔发报带来的噪音，不再抱怨了；穿着制服四处巡视的德国人也好像消失了；似乎没有人特别留意自己的进进出出，努尔获得了行动上的自由和心理上的放松。

努尔的顾忌也慢慢消失了，发报时她不再刻意追求减少声响，发报的噪音更大了；没有明确目的，缺少同志合作和掩护的盲目行动更多了；警惕性下降，各种反侦察措施做得马马虎虎，暴露出的破绽更加明显了。种种迹象归结在一起，可以推测努尔危机四伏，她要大难临头了。

德隆霍斯特始终想不出处理努尔的万全之策。他要对努尔采取行动暂时应付上下级，又要不与盟军谍报组织结仇作对，被当作战犯处理，可能的情况下他还想立点小功，洗清自己，德军失败的时候得到盟军的宽大处理。

两种目的很难达到行动上的平衡点，德隆霍斯特进退维谷，左右为难。梅奇等手下人越来越不明白他们的长官葫芦里到底卖的什么药。

努尔已经在福奇街的居民楼呆有一段时间了。她的德国同行作为她一街之隔的"邻居"也有一段时间了。由于德隆霍斯特的犹豫不决，一街之隔的两股敌对势力泾渭分明，互不干涉，这种奇特的情况在间谍史上是极为罕见的。

一天，总部向努尔发来电文，不涉及任何军事机密或行动安排，仿佛唠家常一般提示努尔注意自己的人身安全，特工守则种种需要注意的情况在电文中再次重申。所有提到的这些，都是一个特工必背的常识。总部对努尔的背景比较了解，始终对她不放心，在这个节骨眼提及这些，显然暗示努尔危险已经来临了，安全最重要，那些情报的价值已经退到次要地位了。

一次电文仅仅提醒努尔注意安全，努尔被上级的关怀深深打动了。她甚至回复了自己的工作感言，大致内容是：在重重困难的情况下，同志对自己给予了多方面的照顾,自己非常感激他们。一年多来的特工经历,苦辣酸甜,多种滋味,自己出现过多次失误,也取得了明显的进步,积累了经验。战斗中盟军英雄的形象时常出现在自己的脑海里,每当想起他们,自己的精神都会为之一振。自己和他们一样为了早日结束战争,为了减少无辜贫民的流血而奋斗。任务艰巨,使命光荣,道路艰险,前途光明。从事这项事业自己没有半点后悔,光荣和自豪感是自己坚持这项工作的不竭动力。最后努尔还深有感触地留下一句话:"任何艰险在为了实现伟大目标的执着不懈奋斗中都会变成过眼云烟,并彰显这种奋斗的价值。"后来,这句话作为努尔的人生格言被镌刻在墓碑上,千百人凭吊努尔的时候都会被这句墓志铭所深深感染。

这个时刻留守在总部的无线电发报员是刚刚入行的新人,多年从事这项工作的老情报员业绩显赫,获得了提前休假的机会。努尔和这名发报员之间的这次通信进行了很长时间,电文内容与情报没有任何关系,多有回肠九转之语,仿佛通过电波完成情感倾诉,类似于现在亲密人士之间的"电话粥"。被残酷战争麻痹神经而麻木不仁的老通报员是不会有如此雅兴长时间地发放这些无关痛痒的电文的,这个时刻电波传送这些内容足见发报员努尔在战争中的作用不如以往重要了。

德隆霍斯特为了掩人耳目,突发奇想地宣称自己迟迟不对努尔下手是想在神不知鬼不觉的情况下截获努尔的情报,获得盟军的军事机密。为了瞒住手下人,他假戏真做地从德国情报处运来了密码破译设备。对这次努尔的发报信息,这个德国小组全部截获。梅奇等人紧张地破译密码,经过几天的努力,电报的全文内容被破解。

当誊写在纸上的电文被传到德隆霍斯特手中时,他还想根据电文内容向总部邀功呢。他的上级施特格尔恰巧不久前遭到敌人的暗算深受重伤,正想报复地下组织解一时心中之气。这个时刻送上截获的盟军情报,施特格尔对自己一定刮目相看。

德隆霍斯特的如意算盘打错了,这份电文没有任何有价值的内容,多是煽情之辞,他不禁脸红。

梅奇等人几天的心血换来的是一份"工作感言",认为自己是被敌人故意戏耍,怒不可遏。他当面对德隆霍斯特说:"长官,我无法再容忍下去了,那个情报员必须马上抓获。我无法理解你的一网打尽的周密计划,也没有耐心等待你去执行那份计划,我们马上采取行动吧。"

德隆霍斯特暗暗骂道:"你这么做就是给我掘墓,断了我的生路。"但看到梅奇箭在弦上不得不发的态势,德隆霍斯特知道无法阻拦了,于是他说道:"其实我早就做好决定了,后天行动。"

梅奇不解地问:"为什么是后天。夜长梦多,越早越好。"

德隆霍斯特背过身去,说道:"这个我自有安排,你就不需多问了。"

晚上,德隆霍斯特无法熟睡,噩梦连连。他甚至梦到自己被盟军士兵推上绞刑架,戴上黑色头套,系上绳索,双脚腾空,无法呼吸奋力挣扎。

他被吓醒,睁眼一看四周一片漆黑,自己手脚冰凉,大汗淋漓。

德隆霍斯特意识到为了挽救自己,必须采取行动了。说句老实话,他的背景比较清白,他不想因一次意外手上沾染敌人的鲜血。

德隆霍斯特对自保策略颇有研究。私下里,他曾潜心研读国际法,对所列出的种种罪项烂熟于心。那些罪项好像自己谍报生涯中的雷区一样,他唯恐避之不及。到目前为止,他仍然历史清白,没有触到一颗地雷。多年的苦心经营守身如玉不能毁之一旦,努尔这个烫手的山芋必须妥善处理。

一个念头在德隆霍斯特的脑海中闪现,他决定给予努尔一些暗示,让她知难而退,离开这个德国情报组的视野。

德隆霍斯特在黑夜中潜入努尔的住宅楼。他早已经摸透了努尔的住所。在努尔房间的门口，德隆霍斯特用粉笔画了一个骷髅。他又觉得不放心，在骷髅的旁边又画了一个发报机。他相信努尔可以获得足够的提示，她会立即离开这里。

大功告成后，德隆霍斯特回到了住所。他又躺到床上，心里平静了许多。

他还在盘算，努尔得到提示离开后，他会向手下人解释这个女情报员的身后是一个庞大的间谍网和深不见底的地下组织。他们耳目众多消息灵通，努尔一定听到风吹草动悄然离开了。如果还有人抱怨他下手太晚，他可以解释自己贸然行动抓到一个普通发报员以暴露这个德国秘密发报点为代价太不划算。总之，手下的任何异议他都有办法应付。

这个做法也是一石二鸟。努尔全身而退，待战后自己接受盟军审问时，他可以提及这件事作为减轻罪责的砝码。

想到这些，德隆霍斯特安然睡去了。

那天晚上，努尔隐隐地听到门外有脚步声，她感到害怕。

第二天清晨，她开门后发现门上画着一个骷髅和一个类似大盒子的东西，努尔非常疑惑。最终，她认为一定是顽皮的孩子或一些无聊的市井之徒的恶作剧。她笑一笑，用抹布将粉笔画擦掉了。

恰巧此时，努尔邻居之一的切琳娜出现在这里。她和努尔对视了一眼就离开了。

这个切琳娜早就注意到了努尔。当邻居们悄悄议论她房间晚上发出的滴答声时，切琳娜结合努尔的诡秘行踪，推测努尔的身份非常可疑。

进一步加深切琳娜对努尔消极印象的是女性的嫉妒。切琳娜自认为在四邻中是相貌出众的，她是周围男性关注的中心。自从努尔搬到这里后，努尔的出众外貌和优雅气质以及谜一样的身份和背景令周围所有的男人着迷。努尔成为男人们议论的中心,切琳娜被冷落了。她对努尔怀恨在心,背地里对努尔的痛骂不绝于口。

施特格尔加大对盟军谍报人员的打击力度后,揭露或告发盟军谍报人员将会得到大笔奖金。这令切琳娜怦然心动。摆在眼前的除掉眼中钉又大发横财的机会,切琳娜怎会放过。在确定努尔还在原居住地没有搬走后,切琳娜下手了。她直奔德国的秘密警察署,她要告发努尔领取奖金。

如果努尔能够理解德隆霍斯特的暗示,她及时离开或许逃过一劫。有时,女人的嫉妒比男人的残忍还可怕。切琳娜加紧脚步赶往德国秘密警察署的同时,不知大难临头的努尔依然坐在屋中整理情报。

切琳娜走进德国的秘密警察署后,立即报告她发现了盟军间谍。德国秘密警察对这件事高度重视,立即召集了一个三十人左右的大队驱车紧急奔向努尔的住所。

德国人的汽车在法国街道上咆哮而过,法国民众意识到德国人又张开魔爪不知伸向哪里,又有可怜的人要遭殃了。

即使猫有九条命,它也有用完的时候,幸运不能伴随人一辈子。当努尔听到咆哮的汽车声由远而近,不久楼道中又响起了噪杂嘈杂的皮鞋声的时候,她心头一凉,意识到大势已去。她还没有来得及将屋中的情报及时销毁,德国的秘密警察已经冲进屋中,强行将她带走。努尔的屋子被德国人翻得一片狼藉,所有对德国人有价值的东西都被带走了。

柔弱的努尔被德国人揪住头发,仿佛被抓住的一只小鸡般强行被德国人推进车里带走。附近的法国民众满怀愤怒,同情努尔的人甚至留下了眼泪,但也无济于事,他们只能眼睁睁地看着一个弱小的生命遭受德国人无情地蹂躏。

这段路程是努尔的一生中最为漫长的一段路程,漫长到仿佛连通着两

二战情报战

个彼此隔绝的世界。一个世界是自由光荣充满希望和阳光,另一个世界是黑暗寒冷密布死亡的恐惧。

德国人将努尔关押到秘密警察署的临时监狱。由于努尔的身份特殊,这里的负责人将努尔的情况直接上报给德国驻巴黎间谍组织的最高领导人施特格尔。在得到批示之前,这里的德国人没有对努尔审讯或逼供。

监狱里一片黑暗,唯一连通外界的铁窗被紧紧关闭。尽管还是白天,没有一丝阳光能够透射进来。监狱房间狭小,阴暗潮湿,还有呛鼻的腥味。

被敌人抓获后,努尔再不是一个体面高贵的女性了。在敌人眼里,她和待宰羔羊没有任何差别。

努尔平生第一次被关押在黑暗潮湿的监狱中,四外没有一丝阳光,也预示着自己的生命历程也要到达终点。

对于这个结果努尔也有心理准备,但突如其来的变故还是令努尔感到可怕。知道自己的生命即将终结,努尔陷入了对往昔的回忆中。她从小到大的生命历程像过电影一样在脑海中浮现。

她出生在幸福的印度王室家庭中,从小得到父母的慈爱,感受到家庭的温暖。幼年的印度王室生活熏陶出努尔高雅的气质,不与世俗妥协的高傲自尊。那个时候是多么美好啊,可惜美好的时光总是那么短暂,努尔禁不住一阵哀叹。

努尔的童年是在法国度过的。无论是农村宁静的田园风光还是巴黎大都市的繁华气息,都在努尔的脑海中留下了美好的印象。她儿时伙伴的模样一一呈现在眼前。那些有趣的生活场景努尔现在回想起来还禁不住发笑。儿时伙伴的纯真友情是努尔的宝贵财富,给努尔带来了心灵深处的慰藉。那些伙伴现在还活在人世么,努尔不得而知,她又轻轻地叹口气。

努尔又想起了和自己相依为命的母亲。她抚育自己多年,自己因一时冲动连和她一声招呼也没打就离她而去,她一定一直为自己担心。努尔想到自己未尽孝道就要与母亲永别,追悔莫及,泪水在眼圈中打转。

和贝恩结识后的时光,是努尔回忆的重点。他的出现开始了努尔新的生命历程。从此,努尔理解了爱情的含义,她的生活沐浴在爱情的阳光中。在努尔眼中,贝恩是男人的极致。他仪表非凡,才华出众,充满绅士风度。他聪慧过人,细心多虑,会讨女孩子欢心。在危急时刻,他不顾个人安危找到自己和母亲,并成功帮助自己和母亲脱险。为了国家利益,他可以放弃优越的生活,成为特工,以过人的勇气和智慧屡立奇功。

命运是如此不公,一场战争引发的灾难仿佛一道巨大的沟堑将两人隔离在千里之外。她和贝恩的接触时间是如此短暂,可能仅仅以小时来计算。努尔尽管不辞劳苦,千方百计地想找到贝恩,甚至为了他努尔可以加入特工队伍冒着生命危险重返法国,可是直到现在她也没有贝恩的任何音讯。"如果我们还能再聚首的话,那个地方就是天堂吧。"努尔低声叹道,这一次她的泪水夺眶而出。

在监狱度过的第一个晚上,努尔整夜未眠,她的整个人生经历浓缩在一晚的回忆中。

遭到法国地下组织伏击的施特格尔正在养伤。他对法国地下组织恨之入骨,不断盘算着如何报复。恰巧此时,他得到了抓获努尔的报告。

施特格尔一阵狂喜,大声叫道:"我报复的机会终于来了。"他命令抓获努尔的秘密警察署第二天将努尔押解到德国驻巴黎情报总部,他要亲自审问。为预防万一,他还要求押解努尔时要重兵保护。同时在努尔房间中搜获的有价值的文件也要一同上交。

第二天,德国秘密警察署组织了庞大的车队将努尔押解到德国驻巴黎情报总部。这次押解过程声势浩大,德国人耀武扬威,在最后疯狂的同时好像对法国人宣称：这里的主人还是德国人，你们还得老实点。

努尔被押解到德国情报部的地下室。施特格尔如饥饿的野兽捕获到猎物，急不可耐地直奔地下室亲自审问努尔。

施特格尔发现努尔是一个弱不禁风的女子，心头大喜。他认为努尔一定受不了皮肉之苦，会马上招供。他如凶神恶煞附体，气势汹汹地对努尔放出狠话。之后，他认为努尔一定害怕了，将审问努尔的任务交给其他人，满意地离开地下室，准备努尔招供后如何对付法国地下组织。

这个时间，施特格尔仔细阅览了从努尔房间中搜获的文件。努尔平时发报对文件做了备份，并完好保存，记录详实。她误解了上级"妥善处理电文"的含义，完好保存文件的工作倒是帮了德国人的忙。施特格尔得意地大笑，狂叫道："英国情报处没人了，竟然派来这么蠢的情报员。"

在施特格尔看完所有的文件后，他并没有获得太多有价值的情报。这些电文的内容早已经是过去时了，用处不大。他更感兴趣的是从努尔口中了解法国地下组织的情况，哪怕不能将这些人一网打尽，也要给他们狠狠地打击，以解自己的心头之恨。盟军马上就要打过来了，施特格尔也在掐算着日子。他清楚地知道如果不能在短时间内给予法国地下组织有力一击，他就再也没有机会了。

不久，副官向施特格尔报告，努尔没有招供。施特格尔大吃一惊。随后，他暴跳如雷，大声吼道："你们是不是对那个女人太客气了，这可不是我手下人的一贯作风。"

副官连连点头，向施特格尔道歉："对不起，先生，我们会尽力的。"

到了晚上，副官沮丧地向施特格尔汇报："先生，我们已经尽力了，但那个女人就是不招。"

努尔的坚贞不屈有力地打击了施特格尔的嚣张气焰。施特格尔感觉此事相当棘手,他考虑了一会说道:"把那个女人暂时关押起来,一段时间内不要对她继续拷打,一定要留住活口。"

副官点点头,连声称是。

这一天是努尔一生中第一次遭受肉体的折磨。她坚定了一个信念,不要对敌人透漏半点所了解的事情。敌人拷打她这么久,努尔仿佛成了哑巴,一句话也没有说。

强烈的痛苦令努尔多次昏厥。努尔昏厥后,敌人又向她的头部浇一盆冷水将她激醒。她的意识在清醒和混沌间徘徊,她的生命之火奄奄一息。

努尔受刑这一天的晚上,敌人停止了对她的毒打。因为担心努尔受刑不过意外死去断了口供,敌人派来医生对努尔进行了简单护理。

努尔坚定了死的信念,拒不配合治疗,也不吃任何食物。德国人极为惊愕,为留住活口,他们想方设法延续努尔的生命。

法国地下组织在得知努尔被德国人抓获的消息后极为震惊。因担心努尔招供后给法国地下组织带来灭顶之灾,他们临时转移潜伏地点。在一段时间内,他们没有注意到德国人的任何风吹草动。

当然,法国地下组织也派人打探努尔的消息。他们得知这个表面柔弱的女孩在德国人的严刑拷打下坚贞不屈的表现时,无不被努尔所展现出的大无畏的英雄气概所深深震撼。

巴尔德斯在努尔被捕后召开的临时会议上,非常自责地说道:"玛德琳被捕都是我的错。我早就知道那位姑娘缺乏经验,不善于保护自己。可因我一时疏忽,对德斗争打得兴起,忽视了对玛德琳的照顾和保护。眼睁睁地看她落入虎口,我真是太没用了。"

在"潜伏者"行动失败养伤之际,上级正式任命巴尔德斯接替"潜伏者"的职务。现在,巴尔德斯是法国地下组织的重要领导人。

因努尔是英国总部派来的情报员,她的被捕非同小可,必须向英国总部汇报。巴尔德斯急令手下人将努尔被捕的消息传达到总部。在得到英国总部的批示之前,巴尔德斯决定必须提前采取行动。

德隆霍斯特亲眼看到努尔被秘密警察部队抓走。他的心情十分复杂:不用自己出头露面免去了战争罪的顾虑,但在自己的活动区域努尔潜伏那么久,施特格尔怪罪下来自己也脱不了关系。

施特格尔做梦也没有想到努尔的意志力竟然会那么坚强,努尔柔弱的外表并没有掩盖她的强大内心,施特格尔这样的冷血动物也被深深震慑。

努尔受刑后的一段时间里,施特格尔没有再下毒手,他要改变对努尔的策略。

另一方面,法国地下组织对努尔的营救行动也在紧锣密鼓地进行中。由于盟军还没有打进巴黎,巴黎仍然是德占区。尽管德国人的势力今非昔比,法国地下组织也具备一定的实力,但公然闯入德国人防守严密的情报总部并将努尔活着救出来,这件事情的胜算并不大。为此,巴尔德斯忧心忡忡。

一连几天,努尔没有遭到酷刑,她的精神状态好了一些。

面对监狱的冰冷铁窗,努尔是多么怀念战争之前的幸福生活。努尔始终有一点想不明白:不同的国家,不同的利益集团之间到底是因为多么巨大的分歧彼此仇杀,大量无辜的人白白送掉了性命。现在,努尔自己也要加入这个队伍了。

发动战争的国家到底为了达到什么样的野心要以这么大的人员伤亡和物质损失为代价。也许,以结束生命的方式不再面对这个被战争所扭曲的世界倒是一种解脱。只是努尔临终之前没有再见到贝恩一面,难免留下遗憾。

在监狱中几天的光景,对努尔来说恍若隔世,以往的很多事情努尔现在都看淡了,和生命相比,那些事情不值一提。

同时,努尔伤口的疼痛时常发作。这个女孩小时候看到蟑螂都会大喊大叫,真的很难理解她可以忍受德国人的酷刑。

施特格尔决定软硬相加。他的副官拿着一箱金条来到努尔面前,告诉她只要招供,她就可以拿着那箱金条从这里安全离开,德国人许诺从此之后不再难为努尔。如果努尔能够积极配合德国人抓捕法国地下组织,德国人可以给努尔额外的奖赏,甚至给努尔授予军衔。

这些,努尔都给予了断然拒绝。

副官失望地将努尔的话回复给施特格尔。施特格尔暴跳如雷,他像狮子般狂吼:"以前抓到的那些男特工在我面前也只是弱小的绵羊,今天对这个从小娇生惯养的女人我竟无计可施,传出去我岂不成了德国间谍界的笑柄。算了,我没有耐心了,干脆将她枪决。"

副官劝道:"我们可以查一下那个姑娘的资料,看看从中可以找到她的什么弱点。"

施特格尔点点头,表示接受他的意见。

德国情报部花费一定量的时间和精力对努尔的资料展开详细地调查,一周之内她的资料就摆在了施特格尔的桌面上。

这位姑娘竟然来自印度王室家庭,施特格尔暗暗吃惊:一位公主竟然舍生忘死来做这项工作,怪不得从我看到她起就觉得这个女人的背景相当不简单。

她的间谍业绩太惨淡了,她所犯下的错误是间谍史上绝无仅有的,这样的人竟然来做间谍。冷酷无情不苟言笑的施特格尔也不禁发出一阵狂笑:如果英国情报界的人都像这个女人一样,我们早就征服大不列颠岛了。

德国了解到的努尔的资料显然是十分有限的,施特格尔没有看出使努尔招供的突破口。

施特格尔还不死心，又将从努尔住处搜到的文件仔细阅览了一遍。终于，在一摞文件中，他发现努尔的一个笔记本，从文字记录的风格来看应该是日记，隐隐现出一个女孩子的心理世界。其中一个名字被反复提及，这个名字就是乔治·贝恩。

老练的施特格尔像发现了新大陆，他认为终于找到了这个女人心理防线的突破口。

努尔在日记中还提到了乔治·贝恩的身份是特工。缺乏经验的努尔写下的日记无形中再次帮了德国人的忙。

施特格尔很容易推测出努尔和贝恩的关系，加之贝恩也是特工这条重要线索，施特格尔豁然开朗。

乔治·贝恩，施特格尔觉得这个名字似乎有点熟悉，这个人的影子就在他的脑海中忽隐忽现，一时又想不起来。突然，施特格尔灵光一闪：对了，就是那个人。但是怎样利用贝恩的资料诱使努尔招供呢？施特格尔百思不得其解。

终于，他想出了一个办法，作为诱使努尔招供的最后希望。

施特格尔来到关押努尔的监狱，向努尔问道："你想知道乔治·贝恩的情况么？"

努尔一惊，她无论如何也想不到德国人会向她提起贝恩。

施特格尔得意地笑笑："我知道他是你的心上人，如果你招供的话，我可以安排你们见面。"

"你们不用耍花招了，我不会相信你们骗人的鬼话的。"努尔斩钉截铁地说。

施特格尔将修改过的贝恩的资料交到努尔手中。这份贝恩的资料在他

被抓之前的是真实的。后半部分,施特格尔改成贝恩被捕后叛变,成了德国人的走狗,并向德国人出卖了他的同志。德国人根据他提供的情报一举打掉多个盟军地下组织。现在,贝恩仍在德国情报部门工作。

努尔看到贝恩的资料如五雷轰顶,她不相信贝恩会做出变节之事。她咬牙切齿地对施特格尔说道:"贝恩绝不会做出这样的事。如果让我相信你们的话,除非贝恩能来到这里与我当面对质。"

施特格尔一时哑口无言,他暗暗叹道这个女人还是有一定的判断力的。

施特格尔还不死心,他想出模仿贝恩的笔记写向德国人的"自白书",让努尔的心理防线崩溃。或者根据审讯贝恩时的录音,利用设备模拟出贝恩的声音,用贝恩的声音骗取努尔投降。最终,他把这些想法全部否定了。

时间已经不多了,盟军马上就要打过来了。花费那样大的气力仅仅为了迫使一个普通盟军情报员招供太不值得了。施特格尔对努尔动了杀机。

得知努尔被抓的这一晚,巴尔德斯将所有能召集到的人员聚集在一起开会。这一次,他行使了领导人的权威,斩钉截铁地宣布:"对营救努尔一事我们必须采取行动,任何代价我们都要付出。"

大家看到巴尔德斯已经做出了决定,所有反对的声音都消失了,下面需要做的事情是做周密的计划安排。可无论做怎样细心的安排,这个营救计划都没有十足的把握。巴尔德斯为了鼓舞士气,说道:"就算是希望只有百分之一,我们也要付出百分之百的努力。"

最后,地下组织决定在做出计划的第三天傍晚趁着暮色开始行动。几乎所有能联络到的地下人员都要参加这次行动。这些人员被分成三部分:第一部分人围攻德国据点,吸引德国主力出动;第二部分人在德国人知道是调虎离山之计返回总部时在半途伏击他们,目的是拖延德国人返回总部的时间;第三部分人即地下组织的精锐和骨干力量,这些人富有作战经验值得信赖,巴尔德斯要到现场亲自指挥。

就在地下组织蓄势待发之时,德国人也做应对的准备。在德国总部,施特格尔一连几天召开紧急会议。他所接的是一个烂摊子,现在德国在巴黎的谍报组织千疮百孔,他们离开巴黎的时间不远了。在他们手上,有包括努尔在内的盟军特工需要处理,有一部分谍报设备需要运走或清毁,还要安排德国谍报人员分批撤离,在撤离途中还有防备敌人的偷袭和伏击。

施特格尔已经焦头烂额了,即使凶狠残酷嚣张跋扈的他也看到了德意志帝国必将倾塌的下场。

德国在巴黎的最后一批力量能够全身而退是会议的焦点问题。德国高参提出多种撤离方案,施特格尔都觉得不十分稳妥。

对于法国地下组织,德国情报处与他们纠缠多年,结怨甚深,他们不会让德国人轻易离开。这点在座的每个德国人都清楚。

一位德国高参提出的意见是以政府名义与法国地下组织谈判,以释放一部分关押的盟军特工为条件换取地下组织不骚扰德国情报人员安全撤离的承诺。这些包括努尔在内的特工,已经没有套取有价值情报的可能,而且他们的身份暴露,没有了对德国安全的潜在威胁。以对敌我双方都失去价值的特工生命换取德国情报人员的安全离开,从每个角度来看都是十分划算的。

这位高参的意见得到一部分人的认同,但施特格尔却因此暴跳如雷。他向在座的人咆哮道:"这位先生的脑子可能是短路了。那些人现在的确失去价值了,但正是因为他们我们德意志帝国才损失惨重。帝国所有的一系列失利都和他们有千丝万缕的关系,他们是罪魁祸首之一,不能轻易饶了他们。"

看到施特格尔暴跳如雷的样子,其他人都不敢发表意见了。

为了使自己的想法更容易让大家接受,施特格尔继续说道:"释放特工这件事非同小可,事关德意志帝国的荣誉。我们不能让令无数德国士兵丧失性命的罪人逃脱制裁,这种做法即使被提交到柏林总部也不会被批准的。其他人点头称是。

最终,施特格尔确定了撤离的时间段。在这个时间段,德国人根据时机灵活安排撤离时间。在撤离之前,盟军特工一律枪决,免除后患。

施特格尔还认为法国地下组织近期一定会采取行动,命令各个部门加强戒备。

地下组织在行动前的一天,派出几批侦查员严密侦察德国情报总部的动静。

巴尔德斯得到的报告是德国人在各个据点都增加了岗哨的值勤人员,他们如临大敌,高度戒备。巴尔德斯马上紧锁眉头,暗暗叹道:德国人已经有所准备了,营救玛德琳的行动风险更大了。

依靠内线,巴尔德斯了解一些德国情报总部大楼内的情况。这所大楼内部还有多重守卫。在总部大楼不到两公里处,有一所德国军营,还没有准确情报确定具体人数。

巴尔德斯进攻德国情报总部的主力大约五百人。他们确实是地下组织的骨干力量。这些人中来自游击队有战斗经验的人只是少数。大部分人是来自谍报战线的,没有参加过近距离的战斗。另外,更困扰巴尔德斯的是地下组织的武器参差不齐。可以在外围做掩护的机关枪少之又少,近距离冲杀的冲锋枪也不多。多数武器是从游击队那里获得的步枪,一部分人配备的还是防身用的手枪。从武器装备来看,地下组织与德国人差距不小,明显吃亏。

英国总部没有从德国人那里成功救出努尔的把握,是有着多方面的考虑的。在行动之前,巴尔德斯也不禁冒出冷汗。

地下组织为吸引德国总部兵力打算攻击的德国据点,它大约距离德国情报总部四十公里。德国军队驱车赶到那里需要一小时左右。德国人发现上当后赶回来也需要一小时,在中途遭到伏击最多耽搁半小时。那么,地下组织的主力必须在一个多小时的时间内将努尔从德国人那里救出来。

当吸引德国主力出动的任务完成后,袭击德国据点的地下组织人员按计划发出信号弹。看到信号弹,巴尔德斯率领主力进攻德国情报总部。如果在预定时间内无法成功救出努尔,地下组织将放弃任务马上撤退。

打入德国的内线送来了德国情报总部的驻防图,地下组织对德国的布防情况有一定的了解。巴尔德斯并不觉得稳妥,德国人的内部情况每时每刻都会发生变化,需要做好各种应变准备。

斯奇科亚在这次战斗中要发挥大作用。巴尔德斯根据地形图为他设计了隐秘的狙击地点。德国驻防地的附近有一所别墅,是一位德国高官的住所。由于时局不稳定,那所住宅被废弃了。住宅的屋顶距离德国情报总部的外围哨卡大约八十米,是很好的狙击地点。斯奇科亚先以德国哨兵为目标,他射出的第一枪即为行动开始的信号。

在德国情报总部的周围巴尔德斯安排了几个火力点。有限的几挺机枪布置在那里,可组成交叉的火力网,有力的保证地下组织突入总部大楼。

为了虚张声势,巴尔德斯故技重施。他手上有几个大功率的高音质扬声器,可以发出震耳欲聋的枪炮声和喊杀声,在暮色的掩护下,可以给德国人造成大批武装人员袭击的假象,从心理上给德国人以强大的震慑。

偷袭的计划是佯攻德据点的地下组织发出信号弹后,斯奇科亚的枪声是行动开始的标志。他负责解决德国的哨兵,为大部队攻入楼内扫清障碍。待德国的火力点暴露后,在可能的情况下,他要逐个解决机枪手,打掉火力点。

四外架设的机枪压制住德国的火力,掩护主攻人员突进大楼。一个小部队在德军兵营通往德军情报部的路上设置路障,投掷烟雾弹,并用沙袋垒成临时阵地阻击德军,拖延他们增援德国情报总部的时间。

作战素养高的前游击队员作为攻击主力的先锋。他们负责突破德国情报总部的外围防守,消灭驻守的德国卫兵。先锋部队一旦冲入情报部大楼楼下,立即在楼下组成防线,切断总部大楼和外围的联系,掩护大队人员冲入楼内营救努尔。

地下组织早就详细地了解到关押努尔的监狱位于地下室。营救努尔的同时,他们还打算将楼内关押的盟军特工全部解救。一些激进的地下组织成员还打算撤离之前一把火烧掉大楼达到报仇的目的。

任务完成后,地下组织成员分成几路撤离。不远的地方有事先准备好的车辆用来快速转移组织成员。

这个行动的计划安排大致如此。

此次行动的当天,天气昏暗,风呼呼地刮个不停,天很快黑下来了。

地下组织早早地来到了行动地点, 在德国人没有觉察的情况下到预定地点潜伏。

巴尔德斯来到前线, 他得到的情况是各个德国驻防据点没有发现异常,德国人很可能没有预料到地下组织的这次偷袭行动。

夕阳的余晖渐渐被黑暗吞噬,暮色渐渐笼罩大地。整个巴黎一片沉寂,突然一声枪响划破宁静,地下组织行动开始了。

一支小队对德国据点发动突然袭击。一发发子弹如流星般射向德国据点的德国官兵。这支小队人数虽少,但是他们分布在四周,从各个不同的方向对德国人进行射击,给德国人造成人数众多的假象。德国人面对突然袭击显得有些措手不及,他们不知虚实,躲到掩体后对四周的火力点进行疯狂地射击。

这支小队的成员配备了大量的手榴弹,还有一部分烟雾弹。手榴弹的爆炸声此起彼伏,烟雾弹也干扰了德国人的视线。这里的德国人意识到这是法国地下武装精心策划的突然袭击。

实际上,德国驻防部队的人数远多于这支袭击部队。只是德国人在明处,地下组织在暗处。德国人不明虚实,无法判断袭击部队的实力,为了稳妥起见,向总部求援。

巴尔德斯听到了远处的枪声,知道行动开始了。远处的一所楼房的房顶作为地下组织临时的作战指挥部。巴尔德斯站在这里用望远镜远眺整个德国情报总部,观察德国人的动静。

德国情报总部得到了消息,总部大楼立刻灯火通明。可以预见,德国人在商讨对策。

不久,从不远处的德国驻地一辆辆载有德国士兵的军车呼啸而出。

德国人中计了,巴尔德斯心中暗喜。

巴尔德斯细心地计算德国军车的数量,估算出动的德国军队的人数。

对于德国情报总部的守卫力量,地下组织并没有可靠的资料。所掌握的情况都是根据观察估计得出的。不到特殊情况,地下组织是绝不会冒着那么大的风险对这个德国人的军事要地发动袭击的。

巴尔德斯看着手表的指针不断地转动,发起总攻的时间越来越近了。他平生第一次指挥这么大规模的与敌面对面的战斗,以往他所参与的都是地下组织的秘密斗争。

一向老练的巴尔德斯也不免紧张。他第一次感觉到他的心脏如此剧烈地跳动,豆大的汗珠从他的额顶流下。

德国人的援军出发多时,巴尔德斯估计总攻时间快到了。

佯攻德国据点的小部队达到了吸引德国兵力的目的。听到德国的军车呼啸而来,他们分头撤离。这支小部队的联络员发出两颗信号弹,暗示初期行动圆满完成。

两颗信号弹划破夜空,分外耀眼。站在楼顶高处的巴尔德斯看到了信号弹,大喜过望,立刻派出通信员给埋伏在狙击点的斯奇科亚发出行动开始的指示。

斯奇科亚已经埋伏多时。在昏暗的探照灯和大楼日光灯的照射下,斯奇科亚远远地观察德国情报总部的驻地,精确地计算着执勤哨兵的人数,并根据观察的情况推测敌人可能隐藏的火力点。

接到巴尔德斯的指示后,斯奇科亚拍拍手中的枪,轻声说到:"老伙计,今天咱们要大干一场了。"

斯奇科亚通过长时间的观察,早已对射击目标烂熟于心。几个固定岗哨,几个移动哨兵的位置他看得清清楚楚,久经大敌的他连射击目标的顺序都确定了。

"砰",一声枪响,一个德国哨兵倒在血泊中。德国人立即拉响了警报,"嗡嗡"的警报声划破夜空的宁静。与此同时,所有的探照灯一起打开,整个驻地照得如同白昼。

攻击主力发起了冲锋。情报总部的外围被手榴弹爆炸的火光和烟雾弹的浓烟淹没了。训练有素的德国人发动疯狂的反击。值勤的哨兵发现意外后立即选择有利地形卧倒向发起冲锋的主力射击。很快,德国驻地的隐秘火力点喷出长长的火舌。

斯奇科亚将枪口瞄向了德军隐秘的火力点,这是对攻击主力最大的威胁。他感到前所未有的刺激与兴奋,弹无虚发,一连打死多个隐秘火力点的机枪手,帮助冲锋队扫清前方的障碍。

冲锋队顺利地突破了外围的铁丝网。在四周的地下组织的火力点有力地压制了德国的火力，处于高处观察哨的德国士兵大多被击毙或隐藏起来，失去了对情报总部驻地外围的侦查。

冲锋队在短时间内进展顺利，突破多道封锁线，与德国的情报总部大楼越来越近。

斯奇科亚在高处的狙击点一连做掉十几个目标，很快他就被德国人发觉了。

斯奇科亚的狙击点暴露了，一排排疯狂的子弹射向斯奇科亚，他的胳膊被子弹擦伤了。

斯奇科亚只好撤出狙击点，火速退回后方。

冲锋的先头部队大多来自游击队，有着丰富的作战经验。他们以极小的代价突破多道封锁线，终于来到德国情报总部的楼下。

巴尔德斯在远处用望远镜观察战斗的进展。这次战斗比他预想的顺利。德国人没有他想象那样的可怕。

努尔在地下室的监狱中听到了震耳欲聋的枪炮声和喊杀声。她不断地想：难道盟军大部队打过来了。不对，不可能那么快。最现实的情况是地下组织偷袭这里。他们的目的是救自己出去吗？

终于在暗无天日的监狱中努尔盼来了自由的曙光，她在绝望中看到了希望。枪声越来越近了，努尔的希望也来越大了。

暗无天日的监狱仿佛油锅般煎烤着努尔的生命，这是离地狱最近的地方。每个在监狱中经历磨难的人，离开这里都会开始一段新的生命。在努尔的心中，最黑暗的日子即将过去了，暴风雨之后的彩虹出现了。

努尔看到自己遍体鳞伤，血肉模糊的躯体，不禁暗暗哭泣。如果地下组织的同志看到她如此之惨状，努尔将以何等弱者的心态面对其他人目光下的炙烤。她是一位高傲的女性，她已经习惯别人用仰视的目光看着她。现在她成了被伤害被蹂躏的可怜虫，要接受别人的同情和怜悯。这样的心理落差无异于从贵族到囚徒，仿佛利刃刺伤她敏感的心。

德国的火力点渐渐哑火了。冲锋队将德国情报总部大楼团团围住，切断了这里与外界的联系。先头部队用炸药轰开了情报总部大楼的铁门，掩护地下组织其他人员冲入情报部大楼。

与此同时，早就听到枪声的德国军营派出援军。在中途，他们遭到小股地下武装人员的阻击，无法在短时间内帮助德国情报总部解围。

巴尔德斯对这次战斗的进程看得清清楚楚。战斗进展的顺利出乎他的意料，德国人的守卫力量没有他想象得那样强大。

地下组织如潮水般涌入德国情报总部大楼，此次行动的成功似乎就在眼前。

突然间，意外发生了，涌入总部大楼的大部队相继有人倒下。在总部大楼的内部，冲锋队遭到了密集火力的攻击，人员伤亡惨重。

糟糕，我们上当了。巴尔德斯心头一惊，看来德国人对此次突袭早有准备，将重兵布防在大楼内部，给予我们出其不意地打击。我们必须立即撤退。

巴尔德斯向通信兵发出火速撤退的指示。按照事先计划的那样，通信兵发出信号弹。在黑暗的夜空中，信号弹尤为刺眼。参与此次行动的所有成员知道任务失败，立即撤退。

战斗的形势瞬息万变，在短短的几分钟之内，交战双方的优劣势发生转换，主动权落入德国人的手中。

进入大楼内部的冲锋队意外地遭遇德国火力的疯狂射击，一批人中弹牺牲了。

剩下的人得到撤退的消息，纷纷后退。大批的德国人手持冲锋枪从楼内冲出。一时哑火的德国驻地火力点也疯狂地喷出火舌,这次偷袭的地下组织人员死伤大半,损失惨重。

好在,巴尔德斯事先做好行动失败的准备,撤退的路线早已经安排好,地下组织从不同方向分头撤退。四外布置的火力点可以阻击后面的德国人,为他们的顺利撤退争取时间。

德国人也没有乘胜追击,将地下组织打退后,简单打扫一下战场,确信附近没有潜伏的地下组织人员后,撤回原地驻防。

努尔听到枪声越来越近,似乎有大队的人冲进大楼。又一阵枪声大作,随后声音又渐渐地小了。她心中燃着的希望渐渐熄灭了。

施特格尔星夜召开会议,所有高职人员全部参加。

成功地打退地下组织的突袭,施特格尔显得十分得意,他说道:"我早就意料到他们不会善罢甘休的,对这次偷袭我早有准备。"

正如施特格尔说的那样,在地下组织的偷袭之前,施特格尔的确做了充分的准备。

在偷袭之前,德国的侦查人员最近发现了地下组织的人员频繁出现,立即报告给施特格尔。施特格尔推测地下组织马上要采取大规模行动。

他们的行动目标是什么呢?这个疑问在施特格尔的脑海中盘旋了很久。施特格尔看着德国在巴黎地区的驻防图,反复盘算。德国的力量相继从巴黎撤出了,现在有价值的攻击目标并不多。一个火花在施特格尔的脑海中闪现,难道他们是为了挽救那个盟军女情报员?的确,在施特格尔的地下监狱关押着一批盟军特工。但是施特格尔并不觉得他们足够重要到使盟军会不惜血本地将他们营救出来。抓住的那个女情报员的确加重了这批特工的分量。从了解到的资料来看,这个女情报员在盟军情报界应该是一个小人物,她会引起盟军总部的重视么?

施特格尔又想了一会：没有别的可能了，地下组织的行动一定就是为了她。虽然从她口中获取情报的可能性不大，但以她作为诱饵来吸引大批营救人员并消灭他们，这未尝不是一个好办法。

施特格尔拿定主意后，对这里的驻防人员进行了巧妙安排。他避实就虚，外围驻防人员减半，把主力布置在总部大楼内部。这乃欲擒故纵之计。外围力量削弱，地下组织可以轻易突入。在地下组织攻进大楼后，德国驻防军出其不意在楼内进行猛烈还击，打他们个措手不及。德国主力冲出大楼后，外围火力点全面开火，来个里应外合，重创地下组织。这样他们元气大伤，在短期内不能大规模骚扰德军，解除剩余德军撤退前的后顾之忧。

从地下组织偷袭的结果来看，施特格尔达到了目的。这次成功是他一生中为数不多的亮点之一，他的得意也在情理之中。

在座的是德军的高级军官，他们对此次战斗的结果表示满意，商讨今后的打算。

不久，副官提交这次反突袭行动的报告。从数字上看，德军以少量伤亡击毙大量地下武装人员，并抓到一些俘虏，战果斐然。

施特格尔说道："我认为此次行动地下组织已经亮出了全部底牌，在短期内他们无法组织大规模的骚扰行动，我们可以全身而退。"

立即有人提出在这里关押的那批盟军特工如何处理。施特格尔略加思索后，说道："再给那些人最后一次机会，如果他们还不招供，就把他们押到隐秘场所秘密枪决。"

在努尔的耳边所有的响声都消失了，关押努尔的监牢恢复了平静。努尔意识到地下组织的营救行动失败了，她轻轻叹了一口气。努尔最后的希望也破灭了，她的命运只能以悲剧收场了。

营救行动失败后，剩余的行动成员被打散了，一部分人下落不明。行动

二战 情报战

217

之前的地下组织秘密据点全部废弃，以防被德国人顺藤摸瓜一网打尽。

几天之后，德国人没有异常的动静，巴尔德斯召集少部分人在临时地点开会。这次会议的气氛是如此惨淡，倍受打击的地下组织成员大多默不作声，有些人想到共事多年的战友几天光景就阴阳两隔，不禁潸然泪下。巴尔德斯也悔恨自己因救人心切，贸然行动，给地下组织带来毁灭性打击。

在会上，巴尔德斯做了深刻的检讨。他话语哽咽，说到伤心处竟流下几滴泪水，反复强调是自己的过失断送同志的生命。

悲情气氛笼罩整个地下组织。

更令巴尔德斯痛心疾首的是此次行动的失败意味着救出努尔的希望就此破灭。努尔可能没有生还的希望了。

在同志的牺牲和努尔命悬一线的双重打击下，巴尔德斯因悲伤过度发言时晕厥。其他人将巴尔德斯搀扶下去，会议就此结束。

德国人对努尔进行最后一次审问。努尔这次遭受的痛苦无可附加，她咬紧牙关，没有说出半句话。

副官将情况向施特格尔汇报："先生，这位盟军女特工已经有了死的觉悟，从她口中获取盟军情报已无可能。"

施特格尔无奈地点点头。

副官继续说道："如果从敌方的角度讲，这位盟军女情报员绝对是一位英雄，连我也对她钦佩不已。"

"你说得没错。"施特格尔点点头："你问她上路之前还有什么要求，我们尽量满足。"

在这一次拷打之后，努尔奄奄一息，她生命的火焰快要熄灭了。

施特格尔的副官向努尔发出了死亡威胁，努尔竟然露出了微笑，她已经将生死置之度外了。

副官向努尔表示尊重,询问她在临终之前还有什么要求,德国人在一定的限度内可以满足。

努尔想了想,对副官说:"你们能把乔治·贝恩的下落告诉我么?我马上就要离开人世了,我想知道贝恩的真实情况,请不要欺骗我,请不要欺骗一个即将死去的人。"

副官道:"我可以请示一下。"

副官将努尔的要求转达给施特格尔。施特格尔同意了,他将所掌握的关于贝恩的全部资料交给了副官,并说道:"如果成全那个女特工,对于她的死我会更加心安理得。"

副官将贝恩的全部资料交给努尔,并说道:"我以人格担保这绝对是真实资料,你大可以放心。"

努尔怀着忐忑不安的心情翻阅贝恩的资料,她既担心贝恩会变节使他和自己蒙受耻辱,又担心贝恩会遭到德国人的毒手而心惊胆战。

这的确是真实的贝恩资料。德国人对贝恩的间谍生涯做了详细的记录,从大战之前到他被捕就义的每一个细节都做了交待,可见德国人为除掉贝恩"这个可怕的敌人"煞费苦心。

努尔翻阅这份文件,前段部分贝恩的屡建奇功,把德国人弄得焦头烂额让努尔欣喜不已,男人英雄般的壮举总是令女人最为倾慕的。

到后半部分,贝恩百密一疏,意外被捕将努尔的心冷却到了冰点。贝恩没有向德国人屈服,慷慨就义。努尔失去了唯一的精神寄托,她一生全部的爱情理想被冰冷现实无情毁灭。努尔的泪水夺眶而出。

令努尔倍感欣慰的是,贝恩用自己的死为自己的国家和民族,为自己全身心投入的正义事业做了最忠诚的表白。他的生涯因而完整而没有留下任何污点。屡立奇功是智慧的彰显,慷慨赴死是道义的彰显。两者兼有,他的间谍生涯完美无缺,经典永存。

德国人最终不忘记给贝恩做出一段评价的文字。评价之高令努尔感到意外。从敌对的立场苛刻甚至诽谤的角度获得高度的评价是对一个人最高的褒奖之一。真正的英雄是用敌人敬畏的眼光来铸造荣誉的。

贝恩的死也令努尔眼中的贝恩形象完美无缺,了却了努尔一生最大的牵挂。悲痛欲绝的努尔,心灵忽然如卸掉一切重物般轻盈。她止住了泪水,面带微笑地说道:"他已走了,我也要随他而去,马上让我死吧。"

副官将贝恩的资料拿在手中,他向努尔作出一记标准的军礼,仿佛面对英雄表达最高的敬意。

努尔被执行枪决的时间选定在后日清晨。为了预防万一,枪决地点隐秘,重兵守卫。她的心灵世界也失去了颜色,她的情绪异样的平静,几乎没有任何情感变化,这位女性波澜壮阔的心灵海洋变成了一潭死水。如果乐章进入尾声,那么节奏的变化会越来越小,再以一个强音收尾。努尔的心静若止水,她只需等待一声枪响,和贝恩到另一个世界见面了。

包括努尔在内的一批特工被德国人枪决后,德国在巴黎的最后一批谍报组织成员除了一部分潜伏在地下,大部分就要马上返回德国了。而英国总部很快得到了营救努尔失败的消息。考虑到霍曼少将的感情,总部没有将这个消息及时通知他。

在没有霍曼少将的参加下,英国总部临时召开会议。查理少将接过副官的报告,向在座的各位宣布巴黎地下组织营救努尔的行动失败。地下组织损失惨重的同时,也意味着努尔以特工身份为国献身的事实。

查理还将地下组织的损失情况向在座的各位汇报。查理心情沉重地说:"这些英雄在胜利前夜为了营救玛德琳同志献出了宝贵生命,让我们向这些英雄们致敬。"

与会的全体人员脱下军帽，低下头，向逝者默哀。

片刻后，查理少将说道："我会向上级请示，为这些英雄追授勋章，表彰他们做出的贡献。"

在座的各位一致同意查理的意见。

查理继续说道："玛德琳同志面对敌人严刑拷打下的坚贞不屈同样值得我们尊敬。我从霍曼少将那里了解一些这位女特工的情况。她出身名门，家族显赫，是印度王公的女儿。从她身上我们可以看到大英帝国对抗德国纳粹的反法西斯战争得到了其他国家和人民的有力支持，这是我们获得胜利的坚强后盾和强大保障，我提议在此向一切参与反法西斯战争的国家和人民表示致敬。"

在座的所有人同时起立，脱下军帽，敬礼，会议厅气氛肃穆而庄重。

一颗子弹可以结束一个纯洁女孩的生命，但不能抹平这个女孩在她生命中的闪光点。努尔那面对危险的大义凛然，在严刑拷打下的坚贞不屈，宁折不弯的高傲自尊，慷慨赴死的豪迈气概，大无畏的革命精神，具有超越时空的感染力。随着时光的流逝，她不但没有在人们的印象中消失，反而赢得更多人的尊重和敬仰。正如莎士比亚《暴风雨》中一句诗说的那样："他并没有消失什么，不过感受一次海水的变幻，化作富丽珍奇的瑰宝。"

努尔也被誉为间谍史上最高贵的女间谍。为努尔"高贵"二字作注解的是她的名门出身，是她的超凡美貌，是她的优雅气质傲人风骨，是她的高尚情操如诗般的少女情怀，是她对纯洁而神圣的爱情的不懈追求和无悔坚守，更是她用自己的青春和生命来表达的对所从事的人类正义事业的忠诚和热爱。

努尔死后不久，巴黎被盟军解放。几个月之后，法国全境解放。曾经关押盟军特工的德国情报机关全部被盟军占领，德国侵略者一去不复返了。

戴高乐将军以胜利者的姿态重返巴黎,得到法国人民的夹道欢迎,马赛曲响遍整个法国大地,法兰西旗帜高高飘扬。

霍曼少将在相当长的一段内没有获知努尔的死讯,总部的其他人有意隐瞒这个悲痛的消息。

直到一天,巴黎全境解放,地下组织完成使命,等待盟军总部的嘉奖。法国地下组织多年工作的总结报告递交给英国总部。

霍曼少将始终牵挂努尔的安危。副官向他递交报告时,霍曼特意问道:"玛德琳是否被成功救出,她现在还好么?"

副官缓缓地说道:"很抱歉,先生。营救行动失败,玛德琳同志英勇就义。"

霍曼少将心情沉重,缓缓脱下军帽,低下了头。

英国总部对所有特工职业生涯中的表现都有着详细地记录。对与特工们做出的贡献,英国军事高层有着高度评价。出于安全等多方面的考虑,英国政府决定在战争结束后,为战争中所有做出贡献的人员,无论是健在或牺牲的有功人员都要颁发奖章,授予荣誉,当然也包括努尔在内。

巴黎被盟军解放时,德国驻巴黎的情报机构还留有一部分德国人未来得及销毁的文件。

盟军人员从这些文件中找到了德国人审讯努尔时的记录。

德国人对努尔严刑拷打的残酷令人发指,手段之残忍令盟军人员不寒而栗。这位看上去娇小柔弱的姑娘,经受了烈火焚身般的考验而没有向敌人透漏半点情报,所有看到这段材料的盟军人员无不肃然起敬,摘下军帽低头默哀,表达对这位女英雄的敬意。

除此之外,从缴获的德军文件中盟军还发现了努尔在法国执行任务期间的日记,写下了她在特工生涯中的心路历程。其实,按照规定,为了不给敌人留下线索，日记形式的文字记录是被完全禁止的。这条禁令被努尔忽视了。

盟军从德国人没来得及销毁的文件中还找到了找到了贝恩的资料。他们将贝恩的资料交给军情六处，那是贝恩的效力机构，是与努尔所效力的皇家空军特别行动署相平行的军政机构。

法国解放后，盟军继续突进，直逼德国本土，反法西斯战争的胜利是历史的必然进程，不可阻挡。

努尔的日记后转交到她所效力的皇家特别行动署，作为这位女英雄的遗物被永久保存。努尔的日记也许违反了特工守则，但它展示了一位女性的心灵世界。幸运的是，她的日记被德国人缴获后没有被销毁又完整无缺地重新回到盟军的手中。最终，这本日记与英国皇家空军特别行动署记载努尔间谍生涯的事迹一同保存在英国国家档案馆，作为努尔短暂的间谍生涯的真实记录，承载她的功勋与荣誉。

巧合的是，被英国军情六处记录的为国捐躯功勋卓著的特工贝恩的事迹同样保存在英国国家档案馆。第二次世界大战结束后，他的一部分资料由英国国家档案馆解密后公之于众，其中他对努尔的爱情表露同样震撼人心。

贝恩返回英国述职期间，对努尔的爱慕之情有过一段文字记录。这段感情的文字记录连同他向友人吐露这段感情的对话被专人整理，后被越来越多的人所知晓。

这段感人肺腑的从男人角度对爱情的深刻理解和深厚感悟的文字全面表达了贝恩对努尔在血管中涌动不断漫向心底的爱。这种深沉饱满刻骨铭心的爱是真正超越了人类极限的力量，连意志，信仰，思想等灿烂的人性光芒都要因此黯淡。

让我们从简单的文字来理解贝恩的爱。

努尔的出现使我的精神世界得到前所未有的充盈和丰富。如果我没有遇见她，我的人生将留下大片空白，终生遗憾和无限伤感。

男人一生有三个遗憾：一是，没有遇到真正喜欢的人；二是，没有向真正喜欢的人写一封情书表达自己的爱慕之情；三是，没有向真正喜欢的人送一束玫瑰花。

前两个遗憾我已经弥补了，但是当我正式加入英国特工队伍重任加身的时候，我甚至没有合适机会在正式场合郑重其事地向努尔献上玫瑰花。连我事先约好的与努尔的见面机会恰逢我执行任务关键时期，我与她的约见受到上级的重重阻挠。在我的百般要求下，我与她匆匆见了一面，那段简短的交流是我们爱情历程中的宝贵瞬间。

德国全面入侵后，法国岌岌可危。努尔的生命安全时刻牵挂在我的心头。我的上级一再告诫我特工执行任务时不能感情用事，情感过于丰富会影响头脑的冷静，这对特工而言是致命的。

一向绝对服从上级命令的我第一次固守自己的意见，甚至我以退出特工组织为威胁来强迫上级必须允许我保护努尔脱离险地。最终，我的意见得到上级的尊重。

根据英国国家档案馆所解密的贝恩的材料记录，贝恩在寻找努尔的过程中花费了巨大努力。和努尔重逢时，由于身为特工的贝恩处于千钧一发的危急关头，他的爱化成帮助努尔成功脱险后的悄然离去。绵绵爱意浓缩成欲言又止的简单话语和深沉内敛的神情。他和努尔交流的短暂瞬间幻化成彼此之间的永恒回忆。

贝恩的亲密战友在回忆录中记载了与贝恩交流时的一段对话。当战友问道贝恩："你既然深爱那位姑娘，为什么不在你返回英国总部述职时，执行不同任务的间期找到那位姑娘并和她结婚。在这个年月，你不能对婚礼仪式的威严和庄重要求过高。"

贝恩闭上了眼睛，眼角有些湿润，缓缓说道："这个问题我也考虑过。只是在残酷的战争中，我并不确信能够保全自己。我的内心交织着重重矛盾。也许我的爱的真诚与真实不容怀疑，但很多时候我总是顾虑自己是否自私。我朝不保夕的特工生涯可能使我无法担负起一个支撑家庭的男人责任，我可能随时殒命辜负她对我的爱，这可能是对她纯洁感情的极大伤害。如果爱情不论任何原因得不到责任的保障，那么这种爱就要遭受玷污，当事人也要被抹上污点。我无法接受自己深爱的女人失去丈夫的痛苦和可能出世的孩子无法得到父爱的残缺人生。"

贝恩的情绪变得激动了，他的泪水慢慢渗出，陡然睁开紧闭的双眼，愤怒而又略带叹息地说道："当我送努尔离开法国脱离险境时，我多想永远和她在一起远离这个充满硝烟的世界。我和她拥抱的瞬间，仿佛我的愿望已经实现，在那个时空节点我的身心无比接近哲学家或文学家所描述的理想境界。"

贝恩又深深地叹了一口气："这个美妙瞬间是如此之短暂，上级的指令很快在我的脑海中闪现，如同风雷把我从梦境中惊醒。我要继续自己的为国效忠之路，我要强忍悲痛与我心爱的人诀别，而这次诀别很可能是永别。"

终于，贝恩泪如雨下："也许，我并不是伴随她一生的那个人，或者说我无法做到陪伴她一生。如果她放弃我，我会为她献上祝福。无论她把幸福给了谁，我都希望得到幸福的那个人能深深珍惜这种幸福。"

贝恩的就义与努尔的牺牲如同彼此之间的爱恋一样相得益彰，珠联璧合。从此两人的纯洁爱情和殉国壮举可以化作两座不朽丰碑永远相伴，亘古不变，弥补两人身前相恋而未长相厮守的遗憾。

第二次世界大战以盟国的胜利而告终。正义最终战胜膨胀野心驱使下的邪恶，趋向正确的历史发展进程。人类文明被挽救的同时，经过残酷战争的洗礼获得巨大的进步。战事结束后，英国政府对所有参与战争的军事和非军事人员进行了庄严而隆重的表彰和授勋仪式，同时追授殉难的烈士勋章和荣誉称号，以此嘉奖和纪念他们在战争中做出的不朽贡献。

一直默默爱恋着努尔的怀特在残酷的空军作战中幸存下来。由于战功卓著，他在战后被授予上校军衔，获得英国人民英雄般的礼遇。

霍曼将军战后光荣身退，告别军旅生涯，在家中坐享天伦之乐。因努尔的牺牲，霍曼负有不可推卸的责任，他自责不已，良心的不安使他断绝了与怀特的交往。

努尔特工生涯开端与她并肩战斗的同志"伯爵"、"土拨鼠"和"来复枪"等人在战争中成功脱险。作为战争的参与者和胜利的见证人，他们在人生后期不断向后人讲述在战争中经历的传奇故事，同时将努尔的英雄事迹一遍又一遍地传诵。

巴尔德斯等法国地下组织主要人员，在解放法国后没有随盟军主力继续参与对德作战。他们要扫清法国境内德国留下的"余毒"，用巴尔德斯的话说："我的工作是抹平战争给法国和法国人民带来的创伤。"

出卖努尔的切尼娜在法国光复后被认定为"法奸"，被剪成光头游街示众，遭受无数法国人的羞辱和唾骂。在巨大的身心打击下，切尼娜不堪重负，不久就自杀死去，草草结束了自己沾满污点的一生。

在战争中充当纳粹德国宣传器的加布埃在盟军精心设计的"借刀杀人"计划下，失去德国人的信任，接受德国人严格的政治审查和对他的立场持质疑或否定态度的同行言论上的抨击。德国人没有过多责难加布埃，只是剥夺他的话语权，废弃他的"工具作用"。他的社会地位一落千丈。由于加布埃看清德国人摘掉面具后对他的真实嘴脸,心灰意冷,对自己曾经的做法、言论和学术理论做了深刻的反省,从此变得低调。

加布埃没有将责任推给努尔,也没有将责任推给任何人。在接受德国的政治审问时,加布埃作为学者感到奇耻大辱,他展现出知识分子的高傲气节,甚至对"栽赃陷害"的蒙冤受屈只字不提,承认自己的"过激言行"。

德国人仅仅剥夺了加布埃的话语权,没有限制他的人身自由,更没有对他进行任何人身伤害,算是手下留情,对知识分子的特殊照顾。

加布埃面对强大政治压力下表现出的高傲气节被站在不同立场上的同行所欣赏,质疑声和批判声随之消失。

战后,法国政府和学术界对加布埃的宽容令他受宠若惊。蛰伏多年后,加布埃又回到他热爱的工作中。

在他学术生涯晚期的理论中,加布埃的一段文字备受瞩目:从一个知识分子为专制的政权服务起,他的视角将变得狭隘和单调,他的对立面将变得广泛和繁复。他的思想火花要受到专制强权暴雨般的淋漓,大众怒火狂风般的咆哮。因此,他的学术能力遭到极大摧残,人格遭到极大蔑视。

当这个知识分子摆脱强权专制站在人民大众之间时,他被禁锢的思想空间得到空前释放,思维的广度和深度获得极大扩展,视角变得全面而多维,学术水平突飞猛进,人格亦更加完善。

一位思想界重量级的人物评价加布埃的生平事迹和学术理论时说道:"这位学者经历战争前后过程中种种重大变故的反思,他的理论再次焕发出了光芒,学术生涯的后期成就尤为突出。"

将努尔置于死地的施特格尔得到应有的下场。他在撤回德国本土的途中遭到游击队的多次伏击。他的警卫人员相继死去,最终他孤身一人陷入迷途被游击队包围。这位刽子手在走投无路之际选择开枪自杀。临终之前,施特格尔还不忘记高举右臂,竭声高呼:"德意志万岁,希特勒万岁。"然后饮弹自尽。这位浸染浓郁军国主义思想和大量人类鲜血的德国军官用军人的最高礼节表达了他对纳粹德国和他的元首的忠诚,同时也以战犯的最高刑罚向他手中逝去的生命赎罪。为了宣泄对他的仇恨,他的尸体被游击队挂在广场的十字架上接受阳光和人们的充满怒火眼光的炙烤,暴风雨与人们辱骂和唾弃声对他腐朽的肉体和灵魂的侵蚀和谴责。犯下累累罪行的他被永远钉在历史的耻辱柱上。

与施特格尔形成鲜明对比的是,德国情报界人员德隆霍斯特的命运远没有他的上级那样悲惨。他遵循《国际法》,加之明哲保身的处世原则,整个职业生涯没有触及"雷区",人生之船在暴风骤雨中没有沉没触礁或搁浅。他在对立双方敏感地带的激烈斗争中弹性手法发挥到极致,不仅在战争中幸存下来,而且战争结束后在身边人员相继作为战犯接受国际法庭审判,甚至被推上绞刑架时,他所受到的惩罚与其他人员相比简直就是被蚊子叮了一下。德隆霍斯特在人生的后期并没有向周围的人津津乐道他的深远眼光和处世智慧。他想完全抹掉战争在他人生中留下的烙印。为了达到这个目的,德隆霍斯特隐姓埋名,在德国的不知名的村庄中做一位小学教员,业余生活以音乐和绘画为伴。也许,在传递文明之火,陶醉于音乐与绘画的艺术境界中,他的心灵负重才会得到缓解和释放。德隆霍斯特得到了善终,他的墓碑位于郊外,远离城市的喧嚣。经历过"二战"前后整个历程的德隆霍斯特的墓志铭发人深省,上面写着:我希望笔的光辉能够永远掩盖剑的锋芒。

德国人在战后做了深刻的反思。德隆霍斯特就是很好的例证。

"二战"之后,所有牺牲的盟军谍报人员的名字才浮出水面。正如一位职业特工而言:"也许只有我们死了,或者我们的身份暴露,我们的名字和事迹才会在阳光下被世人知晓。"

努尔·艾娜雅特·汗并没有被英国政府所忽视。也许，在职业生涯中她的业绩并不突出。但是她在战争中所展示出的人性光芒的亮度与任何特工相比都毫不逊色，在道义和人格的层面上努尔更是该领域金字塔塔尖上的人物。

间谍史把评价努尔·艾娜雅特·汗的重心落到高贵二字上，并突出她公主的身份。努尔·艾娜雅特·汗不仅配得上高贵二字，而且使以她为修饰对象的"高贵"二字黯然失色。她得到了英国政府的认可，取得了与她的高贵评价相匹配的崇高荣誉。也许，努尔的间谍生涯是短暂而可悲的，但她所获得的尊重和荣誉是长久和完美的。

战后，法国政府也授予了努尔·艾娜雅特·汗不逊于她在英国政府获得的荣誉，甚至他们更愿意接受努尔是法国女英雄的事实，她加入特工组织的初衷是为了法国。

努尔的终身所爱乔治·贝恩的荣誉同样十分显赫。在荣誉方面，他们再次相得益彰，珠联璧合。

他们的爱恋、事迹和荣誉在上天的眷顾下获得妙不可言的默契，为他们的爱情悲剧。

在怀特的强力坚持下，加之霍曼将军为了弥补心中的愧疚之情，暗中对怀特鼎力支持，英国政府最终同意将努尔和贝恩的陵墓设立在英烈陵园的临近位置。他们的灵魂归宿距离的拉近仿佛暗示在天堂他们可以近距离长时间地不受任何阻扰地私语和交流。

十五年后，怀特怀着极其不安的心，拜访努尔的母亲。怀特觉得自己是人世上健在的最了解努尔的男人，也是人世上健在的对她的爱慕之情最深的男人。他有义务和责任将努尔殉国的壮举交待给她的家人。

据他所知，努尔的家人只剩下她的母亲。她的母亲在努尔秘密加入特工组织后,得到英国政府的特殊照顾。在努尔殉国后,英国政府一直向她的母亲隐瞒努尔的死讯,他们不愿看到一位老人遭受如此沉重的精神打击后悲痛欲绝的场景。

英国政府给予努尔母亲以高级别的待遇。她的住所是郊外的别墅,起居饮食有专人照顾。努尔的母亲对获得的此等优待迷惑不解,英国政府以各种借口掩饰对努尔母亲特殊照顾的原因,譬如她印度王室的家庭背景下和英国上流人士的联系和交往,对改善和加深英印两国的关系具有重要意义。

努尔的母亲深深思念自己的女儿,久而久之她对女儿命运的不祥预感越来越强烈。她期盼奇迹的发生,女儿能安然无恙地回到她的身边。

尽管已经是孤身一人,努尔的母亲怀着对逝去丈夫的深爱没有改嫁,类似于中国古典女性对贞操的坚守。

终于,怀特的到来把努尔母亲对女儿还健在人世,这种抚慰心灵的幻想打破了。

为了这一天,怀特拖了十五年,也等了十五年。

他不想努尔的死给自己造成的心灵创伤再让她的亲人重新体验,他不想成为努尔母亲悲痛欲绝场景的见证人,他更不想因他带来的噩耗使努尔的母亲倍受打击而卧床不起,甚至抑郁而终。所以,他把这件事一拖再拖,一晃十五年过去了。

怀特饱含对努尔没有任何结果深藏心底的爱。如果他没有向任何人倾诉,他将抱憾终生。努尔的母亲是健在的努尔唯一的亲人,是怀特表达对努尔的爱慕之情最合适的倾诉对象。他一直苦苦等待倾诉衷肠的机会。他反复琢磨与努尔母亲交谈时怎样的话语才会更合适,更贴切,更动人,更唯美。这种场景在他的脑海中反复呈现,仿佛电影中的一幕情节。他即是编剧,又是导演,又是演员,他要精益求精地完成每个细节。

除此之外,怀特要将努尔的光辉事迹和崇高荣誉向她的母亲交代。他要让她知道自己的女儿是她的骄傲,是印度的骄傲,是法国的骄傲,是英国的骄傲,是整个人类正义事业的骄傲。

最后,怀特还要将努尔和贝恩的爱情故事向她的母亲娓娓道来。

而怀特所设计的这一切,他在重重矛盾中苦苦等了十五年之后才实现。

当怀特将努尔去世的噩耗告诉努尔的母亲时,此时的场景和怀特的预想惊人地吻合。

努尔的母亲说:"她总是很任性,没有和我打招呼就离开了,此后音信皆无。我猜他一定是寻找贝恩去了。"

努尔的母亲低头回忆起往事,喃喃地说道:"她这么多年没有消息,不祥的预感始终笼罩在我的心头,我早已经有了心理准备。即使这样,她的死讯我也很难接受。"

说完此话,母亲泪流不止。

怀特总是不断强调努尔是一个完美的女性,她是被人敬仰的英雄。他劝慰努尔的母亲不要过于悲伤,要为自己的女儿感到骄傲。

怀特一连陪伴努尔的母亲几周,他将自己眼中努尔的形象告诉努尔的母亲。怀特在话语间流露出的爱慕之情令母亲动容。直到怀特确信努尔的母亲悲伤情绪得到缓解,不会出现过激情绪或行为,他才离开。

每年鲜花绽放,风和日丽的初春季节,英国二战烈士陵园都会出现一个固定的身影。与其他人悼念逝者手捧黄色或白色的菊花不同,这个人手中捧着一束娇艳芬芳的红玫瑰。在烈士陵园庄严肃穆的氛围中,朴素的白色或深沉的黑色为主色调,一团热情如火的红色分外醒目。

这个手捧红玫瑰的人就是怀特。

怀特身着一套整洁笔挺的军装,深邃的目光放射出温情而又不失刚毅的光芒。怀特缓缓地摘下军帽深鞠一躬，表达对努尔的哀悼之情。墓志铭上的文字恰巧是努尔发报时被英国总部记录的电文：任何艰险在为了实现伟大目标执着不懈地奋斗中都会变成过眼云烟，并彰显这种奋斗的价值。

怀特深情地望着努尔墓碑上的遗照，依稀中往事浮现在眼前。那张照片是努尔作为特工，到法国执行任务出发前拍摄的。那时的她身着一尘不染的军装，妩媚动人的面庞、灿烂的微笑中不乏从容和刚毅，加之戎装加身的飒爽英姿，形象完美到极致，没有一丝瑕疵。

怀特将艳丽芬芳的红玫瑰放到努尔的墓碑前，泪如雨下。他喃喃低语道："努尔，你知道么？我平生最大的遗憾就是没能成功地阻止你参军去执行危险任务。如果还有下一次机会，哪怕希望再渺茫，哪怕是拼上性命，我也要制止你参与任何危险的军事工作。这种遗憾将伴随我终生，随时可能刺痛我的心。"

努尔墓碑前的红玫瑰在阳光的映射下光彩夺目，浓郁的芬芳随风飘散，沁人心脾。这束燃烧着爱情火焰的红玫瑰啊，它弥补了贝恩生前没有在正式场合手捧鲜花威严庄重地向努尔示爱的遗憾，展现了在努尔生前怀特埋藏在心底无法表白的爱。这束玫瑰花的艳丽芬芳与努尔的美相得益彰。玫瑰花永不凋谢，努尔的美永不逝去。